*Jules Silver*

# PROPHEZEIUNGEN BIS ZUR SCHWELLE DES 3. JAHRTAUSENDS

1 Mühlhiasl, „der Waldprophet“

2 Alte und neue Prophezeiungen

3 Aus den Oracula Sibyllina

JULES SILVER

# PROPHEZEIUNGEN
## BIS ZUR SCHWELLE DES
# 3. JAHRTAUSENDS

mit 12 Abbildungen im laufenden Text

1 Mühlhiasl „der Waldprophet"
2 Alte und neue Prophezeiungen
3 Aus den Oracula Sibyllina

RAMÒN F. KELLER VERLAG · GENF

Andere Werke aus dem Programm des Ramòn F. Keller Verlages finden Sie am Schluß dieses Buches verzeichnet.

Gesamtherstellung: Druck- und Verlagsanstalt Gutenberg GmbH, Linz



Printed in Austria

ISBN 3 7205 1099 9

Teil 1: Mühlhiasl „der Waldprophet“
Teil 2: Alte und neue Prophezeiungen
Teil 3: Aus den Oracula Sibyllina

In Teil 2 dieses Buches kommen zu Wort:

| | |
|---|---|
| Edgar Cayce | 1877 — 1945 |
| Jeane Dixon | geb. 1916 |
| Alois Irlmaier | 1894 — 1959 |
| Anton Johansson | 1858 — 1929 |
| Melanie Matthieu von La Salette | 1831 — 1903 |
| Katharina Leistnerin | gest. 1831 |
| Mater Alphonsa | 1814 — 1867 |
| Jakob Lorber | 1800 — 1864 |
| Mühlhiasl, „der Waldprophet“ | 1750 — 1825 |
| Anna Katharina Emmerich | 1774 — 1824 |
| Marie Anne Adelaide Lenormand | 1772 — 1843 |
| Wessel Dietrich Eilert („der alte Jasper“) | 1764 — 1833 |
| Michael Tölk | 1750 |
| Johann Peter Knopp | 1714 — 1794 |
| Bernhard Rembold („der Spielbähn“) | 1689 — 1783 |
| Nostradamus | 1503 — 1566 |
| Hl. Birgitta von Schweden | 1302 — 1373 |
| Hildegard von Bingen | 1098 — 1179 |
| Hl. Malachias | 1094 — 1148 |
| Hepidan von St. Gallen | 1084 |
| Bischof Methodius von Patara | um 677 |
| Biblische Prophezeiungen | |

Anonyme Stimmen:

| | |
|---|---|
| Prophezeiungen eines Kapuzinerpaters | 1762 |
| Testament des fliehenden Papstes | 1701 |
| Seherin von Prag | 17. Jhdt. |
| Mainzer Prophetie | 1670 |
| Blinder Jüngling von Prag | 1362 |
| Byzantinische Prophetin | 8. Jhdt. |

# Inhaltsverzeichnis

# Vorwort

Seit es menschliches Fühlen und Denken gibt, ist das Streben nach Lichtung der Zukunft nie mehr verstummt. Neben den verschiedenen Formen der Mantik gab es zu allen Zeiten Menschen, die in einer inneren Schau Zukünftiges zu erfahren glaubten und ihre Gesichte in Form von Prophezeiungen oder Weissagungen kundtaten.

Die Zahl solcher Berichte ist, angefangen bei den biblischen Prophezeiungen und den sibyllinischen Weissagungen bis hinauf zur berühmten amerikanischen Paragnostin Jeane Dixon und dem weltbekannten Hellseher Gérard Croiset, unüberschaubar. Jedoch läßt sich über ihren Wahrheitsgehalt noch kein endgültiges Urteil fällen, weil dies die Analyse mit gefolgter Realitätskontrolle jedes einzelnen Berichtes voraussetzen würde, was oft schon wegen der sehr verschleierten Sprache dieser Prophezeiungen und des unklar dokumentierten historischen Bezugsereignisses nicht möglich ist.

Zudem kann man von einer echt wissenschaftlichen Untersuchung der sogenannten Vorschau oder Präkognition, wie man in der Fachsprache diese Zukunftsaussagen nennt, erst seit Ende des letzten Jahrhunderts mit dem Aufkommen der parapsychologischen Forschung sprechen.

Überblickt man nun die seither geleistete wissenschaftliche Arbeit auf diesem Gebiet, so kann man feststellen, daß die Möglichkeit einer gewissen Vorschau unter bestimmten Umständen bei gewissen Personen gegeben zu sein scheint. Es ist daher notwendig, die aus der Vorschau erwachsenen Prophezeiungen von der eigentlichen Prophetie im religiösen Sinn zu unterscheiden. Während nämlich bei der Präkognition eine zeitlich und räumlich völlig undeterminierte Situation geschaut wird, die sich erst später dann als Wirklichkeit erweist, wird bei der Prophetie in einer ganz bestimmten Form geoffenbart, daß eine bestimmte Situation in der Zukunft eintreffen wird.

So ist auch die vorliegende Auslese von Prophezeiungen und Weissagungen, wie der Herausgeber einleitend treffend bemerkt, unter dem Gesichtspunkt der historischen Verifizierung und Verifiziermöglichkeit zu lesen.

*A. Resch*

Prof. DDr. Andreas Resch, Innsbruck–Rom, der das bemerkenswerte Vorwort zu diesem Buch schrieb, gilt als Autorität auf dem Gebiet der parapsychologischen Forschung. Er leitet seit Jahren die parapsychologische Zeitschrift *Grenzgebiete der Wissenschaft* (Redaktion A-6010 Innsbruck, Maximilianstraße 6). Er ist weit über Europas Grenzen hinaus bekannt durch seine Forschungsarbeiten auf dem Gebiet des noch jungen Wissenschaftszweiges der Parapsychologie bzw. der Paranormologie, wie er in eigener Wortprägung diese Thematik nennt.

# Zum Geleit

Die Angst vor dem Kommenden ist wahrscheinlich die stärkste Antriebskraft für Prophezeiungen. Aus diesem Grunde häufen sich in Kriegszeiten oder Vorkriegsperioden die parapsychischen Erlebnisse. Ähnlich verhält es sich bei bevorstehenden Unglücksfällen und Naturkatastrophen. Es ist also kein Zufall, daß große Prophezeiungen im Laufe der Jahrtausende sich so oft auf große Kriege und gewaltige Katastrophen beziehen.

Die Bibel kennt die Stimme der Posaunen bei wichtigen psychischen Botschaften.

In England sagt die Überlieferung, daß die Trommel des Sir Francis Drake in der Ferne zu hören ist, wenn das Land vom Einfall fremder Truppen oder einer Niederlage bedroht sei. Es war wahrscheinlich diese Trommel, die der Schriftleiter der Wochenzeitung *The Craftsman* im April 1776 hörte, als die Briten von der Armee Washingtons geschlagen wurden.

Er machte damals die Voraussage, daß um das Jahr 1944 London zum Teil in Trümmern liegen werde. Ein großes nordamerikanisches Reich würde dann die Welt beherrschen.

Seit mehr als zweitausend Jahren werden die Signale künftiger Kriege in aller Welt von Menschen vernommen, deren Psyche durch die drohende Gefahr, durch Tod und Vernichtung für ihr Land in Alarm versetzt wurde. Die Mehrzahl solcher unheilvoller persönlicher Voraussagen bleibt naturgemäß der Öffentlichkeit unbekannt. Die Forschungen führender Parapsychologen in aller Welt jedoch bestätigen, daß seit den Tagen der Stammeskriege zahllose Fälle von Kriegsahnungen und telepathischen Botschaften unter Familienangehörigen, die in Lebensgefahr waren oder den Tod fanden, als erwiesen anzunehmen sind.

Auch heute werden ferne Signale bevorstehender Kriege gehört. Der englische Psychiker Pendragon schrieb im Juni 1966 in der Zeitschrift *Fate* (Schicksal):

„Ich mache mir Sorgen um den Nahen Osten; denn ich fühle, daß 1967 in diesem Gebiet ein Krieg unter Beteiligung von Ägypten, Jordanien und Syrien ausbrechen wird."

Im Sommer 1967 kam es dann zu dem Sechstagekrieg zwischen Israel und den Arabern. Wie wir nach dem vierten Krieg zwischen Israel und den Arabern und der Erdölkrise, die die Welt wachgerüttelt hat, wissen, ist der Konflikt im Nahen Osten auch heute noch keineswegs beigelegt.

Bereits Anfang 1968 erreichte die Central Premonitions Registry, Dokumentations-Zentrale für Prophezeiungen in den USA, eine Botschaft, daß die Sowjetunion in Kürze die Tschechoslowakei besetzen würde. Im August des gleichen Jahres rollten tatsächlich die Sowjetpanzer in Prag ein.

Am 25. April 1970 hatte eine junge Amerikanerin einen Traum, daß am 2. Mai die Zeitungen der Welt „explosive Schlagzeilen" veröffentlichen würden. An diesem Tage brachte die *New York Times* eine achtspaltige Überschrift auf der ersten Seite über den amerikanischen Einmarsch in Kambodscha. Die *Times* bringt derartige großaufgemachte Schlagzeilen nur einige Male im Jahr, wenn es sich nämlich um wirklich „explosive" Meldungen handelt.

Während des Vietnam-Krieges kam es zu zahlreichen parapsychischen Erlebnissen, die als Vorwegnahmen künftiger Ereignisse außer Zweifel stehen.

Doch zum Thema dieses Buches: Die „Trommel- und Trompetensignale" des Dritten Weltkriegs wurden von den Sehern und Propheten besonders im Abendland, aber auch in einigen Ländern des Nahen Ostens seit rund tausend Jahren vernommen. Vielfach wurden sie auch sofort aufgezeichnet. In manchen anderen Fällen wurden die Prophezeiungen mündlich weitergegeben und erst später schriftlich niedergelegt. Wir haben aus einer Fülle von Aufzeichnungen jene geprüft und zusammengetragen, die besonders markant erscheinen oder von Personen stammen, deren Prophezeiungen sich in anderen Fällen bereits erfüllten.

Wir identifizieren uns nicht mit den Voraussagen, sondern referieren, was aus älterer und jüngerer Zeit zu diesem Thema von Propheten und Prognostikern ausgesagt wurde.

Es bleibt jedem Leser überlassen, sich seine eigene Meinung zu bilden. Wir machen in diesem Zusammenhang darauf aufmerksam, daß sich abzeichnendes Schicksal nicht erfüllen muß, mag es auch als Krieg und Unheil noch so bedrohlich in der Luft liegen. Die mächtige Welle das Gute wollender Gedanken ist – wenn eine milliardengroße Menschheit sie auslöst – stark genug, in der Stunde der größten Gefahr das schwerste Unheil abzuwenden, Diktatoren zu entmachten und zu vernichten, Orkane heraufzubeschwören oder Todeswaffen mit Naturkräften in Sekunden zu zerstören.

Wir hören die Botschaft, die uns als böse Warnung in den Ohren klingen und auf den richtigen Weg – des Guten und des Friedens für die wie nie zuvor bedrohte Menschheit – leiten soll. Wir geben die Hoffnung nicht auf, daß uns das Schlimmste erspart bleiben wird.

*Der Verfasser*

# 1. Teil:

# DIE PROPHEZEIUNGEN DES MÜHLHIASLS

Damals wurde in den noch wilden Wäldern des bayerisch-böhmischen Gebirges das Kind eines Bärentreibers aufgefunden.

# 1. Rätsel um den Waldpropheten

*Widersprüchliche und übereinstimmende Angaben · Hellsehen und religiöse Prophetie · Die Bedeutung der Prophetie im Licht moderner Wissenschaft*

## Die historisch faßbare Persönlichkeit des Mühlhiasls

Der Volksprophet aus dem Bayerischen Wald, der unter dem Namen „Mühlhiasl" bekannt und berühmt wurde, ist nicht nur wegen seiner zahlreichen eingetroffenen Prophezeiungen, sondern auch als Persönlichkeit ein Rätsel geblieben. Bis heute läßt sich nicht einwandfrei nachweisen, ob der „Mühlhiasl" Mathias Lang der Sohn des Müllers von Apoig oder Matthias Stormberger, das Findelkind eines fremden Bärentreibers, war. Auch ein Viehhirte und Aschenbrenner Andreas Starrenberger oder Starnberger wird in diesem Zusammenhang als Waldprophet von Rabenstein bei Zwiesel genannt. Nach einer anderen These (nach Hübschers *Die große Weissagung)* war der richtige Name des Mühlhiasls Matthias Pregl. Er habe um 1750–1825 gelebt. Er zog als Mühlarzt – das heißt, ein Mann, der die Mühlsteine schärft – von Mühle zu Mühle.

Der Schriftsteller Paul Friedel, der unter dem Autorennamen Baumsteftenlenz schreibt, hat in seinem Buch *Mühlhiasl, der Waldprophet* viele authentisch überlieferte Voraussagen des Waldpropheten wiedergegeben. In diesem Buch hat sich Friedel für den Matthias Stormberger entschieden. Die Existenz Stormbergers ist jedoch nicht durch Urkunden belegt. Einige Forscher neigen deshalb zu der Ansicht, daß der Mühlhiasl, um der Verfolgung zu entgehen, veranlaßte, daß seine Prophezeiungen unter dem Namen Stormberger verbreitet wurden.

Der mystische Stormberger soll der Sohn eines aus Böhmen herübergekommenen Bärentreibers und seiner Ehefrau, einer Wahrsagerin, gewesen sein, die man später tot im Wald auffand. Es handelt sich dabei um eine vage Behauptung. Die Prophezeiungen, die Stormberger in den Mund gelegt werden, sind die gleichen, die Mühlhiasl verkündete. Waldprophet Stormberger oder Sturmberger war angeblich ein Aschenbrenner und Hirte in Rabenstein bei Zwiesel. Unter seinem Namen wurden um 1830 die zweite und 1839 die dritte Fassung der Mühlhiasl-Prophezeiungen verbreitet. Die Abschrift von 1839 beruft sich auf eine Originalschrift aus dem Jahre 1806, verfaßt vom Lokalschreiber Andreas Bongratz auf der Hilz-Hütten.

Mathias Lang, Sohn des Matthias Lang, Müller von Apoig in der Pfarrei Hunderdorf, wurde am 16. September 1753 getauft. Es ist möglich, wenn auch bislang durch die Forschung nicht bewiesen, daß Pregl bei Ausübung seines Berufes als Mühlpfleger von den Prophezeiungen des Müllersohnes Mathias Lang hörte und sie auf seinen Reisen weitererzählte, ohne den Ursprung zu erwähnen, so daß sie schließlich ihm selber zugeschrieben wurden.

Der Mühlhiasl selbst konnte weder lesen noch schreiben. Doch gab es verschiedene Aufzeichnungen seiner Prophezeiungen, darunter eine in lateinischer Sprache vom Kloster Windberg, die meist Abschriften von älteren, unauffindbar gebliebenen Niederschriften waren. Auch die lateinische Handschrift ging im Zweiten Weltkrieg in Hunderdorf verloren.

Dr. C. Adlmaier stützt sich in seinem Büchlein *Blick in die Zukunft* auch auf eine mündliche Überlieferung durch den Pfarrer Johann Georg Mühlbauer, der am 18. Mai 1921 im Alter von 93 Jahren starb und dessen 97jähriger Vater den Mühlhiasl noch persönlich gekannt hatte.

An der Existenz des Waldpropheten – so geheimnisumwittert sie auch in manchen Einzelheiten bleibt – kann nicht gezweifelt werden. Zu diesem Ergebnis kommt Pater Norbert Backmund (Kloster Windberg) aufgrund seiner Nachforschungen, die er in seinem Buch *Hellseher sehen in die Zukunft* veröffentlicht hat. Die Sprüche des Mühlhiasls gingen noch vor dem Ersten Weltkrieg von Mund zu Mund und wurden abends in den Bauernstuben des Bayerischen Waldes ausgesponnen.

Die erste Veröffentlichung der Weissagungen des Mühlhiasls stammt von Pfarrer J. E. Landstorfer, der lange Zeit Pfarrer in Pinkofen war und am 26. März 1949 in Oberalteich starb. Pfarrer Landstorfer schrieb im *Straubinger Tagblatt* vom 18. Februar 1923: „Da mir aus dem Munde des Pfarrers Mühlbauer, dessen 96jähriger Vater noch ein spezieller Freund des Mühlhiasls gewesen war, manches eigenartige Wort eingeprägt worden war, nahm ich mir einmal die Mühe, noch das Weitere zusammenzutragen und festzustellen, was in der Erinnerung der ganz alten Leute noch fortlebte."

P. Norbert Backmund schreibt hierzu: „Nach dieser Überlieferung lebte der Mühlhiasl Ende des 18. und Anfang des 19. Jahrhunderts in den beiden Klostermühlen der Prämonstratenserabtei Windberg, die heute noch existieren."

P. N. Backmund vermutet, daß Mathias Lang einige Zeit bei seinem Vetter Johann Georg Lang auf der Apoiger Mühle gelebt und sich von dort aus als „Mühlrichter" betätigt hat. Das würde die Ansicht bestärken, daß zwischen Mathias Lang und dem „Mühlarzt" Matthias Pregl ein Zusammenhang bestehen könnte. Die Überlieferung sagt, daß der Mühlhiasl lieber auf Wanderschaft ging, als einer seßhaften Tätigkeit nachzugehen. Es ist wahrscheinlich, daß der Müllersohn Mathias Lang nebenbei auch den Beruf eines Waldhirten ausgeübt hat. Dadurch wird die Verbindung zu dem Hirten Stormberger hergestellt.

Aufgrund seiner jahrelangen gründlichen Forschungen kommt Pater N. Backmund zu der Meinung: „Die Identität des Mathias Lang mit dem Waldpropheten Mühlhiasl dürfte nach alledem als ziemlich gesichert feststehen . . . Nach der Überlieferung war er Instandsetzer schadhafter Mühlen." Der Forscher weist jedoch die Ansicht als irrig zurück, daß der „Mühlrichter"-Mühlhiasl mit dem

„Mühlarzt" Matthias Pregl identisch sei, der 1825 in Straubing gestorben sein soll.

Auch eine ältere Fassung der Prophezeiung, die von der Mühlbauer-Landstorferschen unabhängig ist, nimmt als gegebene Tatsache an, daß der Mühlhiasl Mathias Lang gewesen ist. „Sie wurde von Pfarrer Anton Ederer von Wolnzach gesammelt, als er während des Ersten Weltkrieges Kooperator in Neukirchen bei Haggen war (einer Nachbarpfarrei von Hunderdorf und Windberg). Ederer goß sie in Versform, sie existiert nur handschriftlich. Er glaubte jedoch – ohne ersichtlichen Grund –, daß Mühlhiasl schon um 1792 gestorben ist." (Nach Backmund.)

In ihrer urwüchsigen und bildhaften Sprache haben die Mühlhiasl-Prophezeiungen Abwandlungen und Erweiterungen, aber auch ein teilweises Weglassen ihres Inhalts erfahren. Eine weitere Fassung in Versen war um 1900 in der Oberpfalz bekannt, über die der Dichter Gottfried Kölwel berichtet hat.

## Hellsehen und religiöse Prophetie

Alle Völker kennen Propheten-Gestalten, die in Verbindung mit der Gottheit Rat und Orakel verkünden. Das Wesen der Prophetie wird in zwei hebräischen Worten umschrieben. Roe ist der Seher, der etwas wahrnimmt, was der Mensch im allgemeinen nicht sehen kann. Er wird befragt, wenn eine rätselhafte Angelegenheit Aufschluß verlangt. Der eigentliche hebräische Prophet ist jedoch der Nabi, der anfangs in Ekstase, später im Wachzustand die Eingebungen Gottes verkündet.

Der von Gott auserwählte Prophet ist nicht nur (im Sinne moderner Parapsychologie) ein Hellseher oder Deuter der Zukunft, sondern in erster Linie der Rufer Gottes. Wichtig ist dabei ausschließlich der Gottesspruch, der das Gericht oder die Verheißung zum Inhalt hat. Das Blut der verfolgten und getöteten Propheten wird zum Gericht der Völker.

Die großen religiösen Propheten treten zumeist in einer Zeitenwende auf. Ihr Erscheinen zeigt regelmäßig eine Krise der Völkergeschichte an. Das galt für die Propheten des Alten Testaments und für den größten Propheten der Bibel, Jesus Christus; das gilt aber auch für die Propheten späterer Jahrhunderte, die – wenn auch oft nur in bescheidenem Umfang – Licht und Weisheit von der Quelle der ewigen Prophetie empfangen haben.

Seit dem frühen Mittelalter ist bekannt, daß die Gabe der Prophetie im Sinne der Vorausschau großer künftiger Ereignisse keineswegs ein Zeichen gelebter Frömmigkeit oder besonderer Heiligkeit des Sehers sein muß. „Selbst böse Menschen können diese Gabe von Gott empfangen, das bezeugen die biblischen Worte über Kaiphas. Die Theologen gehen weiter: Nicht einmal die Bereitschaft der Seele ist erforderlich. Wohl aber müssen zwei Dinge im Bewußtsein zusammentreffen, die den wahren Propheten kennzeichnen: Er muß die denkbar stärkste Gewißheit haben, daß die ihm geoffenbarten Dinge wahr sind, und er muß mit gleich starker Gewißheit überzeugt sein, daß es Gott ist, der sie ihm geoffenbart hat ..." (Hübscher)

Thomas von Aquin erklärte: Wenn das prophetische Licht vollkommen sei, bringe es eine hohe, ganz von Gott stammende Gewißheit mit sich, und an diesem Gewißheitsgefühl erkenne der Mensch den himmlischen Ursprung seiner Gesichte.

## Wissenschaftliche Aufwertung der Prophetie heute

In seinem umfassenden, kritischen Werk *Die große Weissagung* schreibt Arthur Hübscher über die philosophische Rechtfertigung der Prophetie:

„Das Schauen künftiger Dinge kann nichts anderes bedeuten, als daß die Zeit für das Bewußtsein ausgelöscht ist, daß Jahre, Jahrzehnte, Jahrhunderte keine Geltung haben, und alles, was sein wird, genauso, wie alles, was einmal war, durch einen geheimnisvollen Zusammenhang in die Gegenwart gebannt ist.

Schon antike Denker, Stoiker und Neuplatoniker sehen das Zukunftsschauen im großen allseitigen Zusammenhang des Alls begründet . . .

Das Bild des Sehers wird aus dem Meer der Zeitlosigkeit heraufgeholt – es kann nicht mit den Merkmalen der Zeit behaftet sein.

Die echte Prophetie darf keine Zeitbestimmung aufweisen und entbehrt der Merkmale, mit denen die nachträglich einsetzende, erhellende und deutende Verstandestätigkeit sie auszustatten sucht – der ‚calcul', den schon Nostradamus vom ‚instinct' der inneren Erleuchtung sorglich unterscheidet."

Trotz mancher Fehldeutungen behält die Prophetie als Suche auf Antwort nach den Fragen, die seit Urzeiten nicht verstummt sind, ihren Platz im die Jahrtausende umspannenden Rahmen der Endverheißung:

„Sie legt uns nahe, daß die große Zeit des Friedens irgendwann noch einmal kommen kann, daß der ‚Kaiser' der Endzeit irgendwann einmal in das Gelobte Land ziehen wird, daß Gog und Magog aufbrechen und Henoch und Elias erscheinen werden und der Antichrist."

In unserer heutigen Zeit, da die noch junge Wissenschaft der Parapsychologie anhand der von seriösen Forschern untersuchten Phänomene sowie im streng kontrollierten Experiment nachgewiesen hat, daß es jenseits unserer fünf klassischen Sinne die sogenannte „außersinnliche Wahrnehmung" (ASW), d. h. Telepathie und Hellsehen einschließlich der Zukunftsschau bzw. des Vorauswissens (Präkognition), gibt, erhalten die uns (oft nur bruchstückweise, oft verzerrt) überlieferten Fakten religiöser Prophetie oder der „Gesichte" einfacher Menschen ein ganz neues Gewicht. Hierzu leistete nolens volens auch die moderne Entwicklung der Naturwissenschaften ihren Beitrag, beispielsweise durch die Infragestellung der bisher angenommenen Begriffe von Raum und Zeit oder die sich an den äußersten Grenzmarken der Physik abzeichnende Auflösung der Materie.

Jedenfalls lassen sich heutzutage die Gesichte und Prophezeiungen hellseherisch begabter bzw. religiös erleuchteter Menschen nicht mehr einfach von der Hand weisen, wie dies seitens sich wissenschaftlich gebender Skeptiker bislang geschah.

Ein solcher Seher war der Mühlhiasl, der Waldprophet. Er ist wahrscheinlich um die Mitte des 19. Jahrhunderts gestorben. Er war ein Hellseher, der kommende Katastrophen im voraus sah und verkündete. Seine historische Bedeutung wird auch dadurch unterstrichen, daß ähnliche Prophezeiungen etwa um die gleiche Zeit in anderen Teilen Deutschlands und Mitteleuropas verbreitet wurden. Für uns ist in diesem Zusammenhang von untergeordneter Bedeutung, ob der Waldprophet der Mathias Lang, der Waldhirte Stormberger oder womöglich der Matthias Pregl gewesen ist.

Pater Backmund hat allerdings als bedeutendster Mühlhiasl-Forscher die Annahme überzeugend zurückgewiesen, die Prophezeiungen des Waldhirten seien die Wiedergabe einer anonymen „Wandersage“, und erklärt aufgrund seiner Forschungen, daß hinter den Mühlhiasl-Prophezeiungen eine geschichtliche Persönlichkeit steht und daß diese „mit ziemlicher Sicherheit“ der Hellseher Mathias Lang aus Hunderdorf gewesen ist.

# 2. Die prophetischen Gesichte des Waldhirten

*Die „drei Zeiten“ und deren Ende · Das große „Weltabräumen“ · „Massenmord, Feuer und Pest“ · Gefährdung des Christentums · Gleichlautende Prophezeiungen*

## „Wenn auf dem Zwieseler Kirchturm die Bäume wachsen...“

Der geheimnisvolle Volksprophet aus dem Bayerischen Wald, der Mühlhiasl, hat vor rund hundertfünfzig Jahren in einfacher, aber eindrucksvoller, plastischer Bildersprache die neue Zeit und ihren Untergang aufgrund seiner prophetischen Gesichte geschildert. Er sah den Beginn des Unheils im Weltenschicksal für die Kindeskinder der Kindeskinder seiner Zeit heraufziehen. In der schlichten Sprache des Waldbewohners gewinnen apokalyptische Geschehnisse Gestalt.

Er stellte schon früh seine hellseherische Begabung unter Beweis. Über seine Vorschau von persönlichem Unglück, Krankheit und Tod hinaus sah er in gewaltigen Visionen das Schicksal des Bayerischen Waldes während der kommenden zwei Jahrhunderte voraus. Er prophezeite die damals völlig unverständliche technische und gesellschaftliche Entwicklung unserer Tage und das Ende der neuen Zeit infolge großer Katastrophen.

Der Mühlhiasl schilderte u. a. die „drei Zeiten“ und deren Ende mit dem „großen Weltabräumen“. Der Hirte, der Tage und Nächte allein war mit der Herde, angesichts von Wald und Berg, Wind,

Sturm und gestirntem Himmel, erhielt ungewollt die Offenbarungen über die fernste Zukunft.

Er prophezeite, daß es zu Lebzeiten der Kindeskinder der Enkel seiner Zeitgenossen in der Welt drunter und drüber gehen werde.

Die vierte Generation werde den Anfang der neuen Zeit mit allen ihren Wundern sehen. In einem Rhythmus von drei verschiedenen Zeitepochen – „in drei Zeiten“ – werde sich alles abspielen.

Die „dritte Zeit“ aber werde auch Niederbayern in eine rauchende, tote Trümmerstätte verwandeln, bevor das Ende komme.

Das „große Weltabräumen“ werde viel Leben vernichten. Der Versuch der Ausrottung des Christentums werde von Massenmord, Feuer, Pest und Hunger begleitet werden.

Diese Prophezeiungen beziehen sich zwar in erster Linie auf Niederbayern und seine Städte, bergen aber vielfach auch allgemeingültige Aussagen.

„Wenn auf dem Zwieseler Kirchturm die Bäume wachsen, dann fängt es an“, ließ der Mühlhiasl wissen.

Im Jahre 1944 wuchs auf dem Turm tatsächlich eine Linde von zirka zwei Metern Länge. Da viele Neugierige nach Zwiesel kamen, um die eingetroffene Mühlhiasl-Prophezeiung zu bestaunen, wurde die Linde von der Polizei entfernt, jedoch von Unbekannten wieder eingepflanzt. Noch 1947 blühte die Linde auf dem Kirchturm zu Zwiesel.

„Am Ende der Welt werden die Menschen selber schuld sein. Sie werden schließlich so lange mit dem Feuer spielen, bis der Herrgott dazu nein sagen wird: Dann wird die Welt zur Hölle – mit Feuerregen und herabschneiender Asche.“

In seinem Buch *Mühlhiasl, der Waldprophet* läßt der Baumsteftenlenz den Mühlhiasl in Übereinstimmung mit der Überlieferung in poetischer Rede sagen:

„Mondschein – mehr als fünfzigmal wirst du noch kommen. Und ich werde dich sehen und in deinem Lichte lesen, bis mich der Bär anfällt überm See. Zweimal hundertmal wirst du auf- und abgehen, bis die schreckliche Zeit über die Welt kommt.

Du wirst die nackten Berge sehen und die leeren Hütten, wenn die Zeit da ist, da der Tod die Menschen anspringt mit tausend Blitzen.

Weiber heulen und Männer fluchen. Bleiben wird eine Wüste, in der kein Vogel singt und kein Wasser springt. Die Erde wird dorren wie in einem Backofen.

Sieben Jahr werden dürr und sieben Jahr naß, und die Sonne wird trüb sein.

Viele liegen unter der roten und der blauen Erde, unter jedem Baum ein toter Mann, ein Toter auf jedem Weg, eine Witwe in jedem Haus, ein Waisenkind in jeder Stube.

Alsdann wird man den Herrgott suchen mit allen Lichtern, im Wald und im Berg. Die mit dem Zeichen werden den Bluttanz ausführen. Alles wird voller Geister sein. Sie werden mit den Leuten eins sein.

Aus den Bäumen wird der Böse kommen und zu den Menschen reden in der schwarzen Sprache. Und einmal wird der Mond kommen mit Sausen und Brausen . . .“

## Das Phänomen gleichlautender Prophezeiungen

Das Vorliegen etwa gleichlautender Prophezeiungen unter den Namen Mühlhiasl und Stormberger bildet keine Ausnahme. Im Laufe der Jahrhunderte war immer wieder die „Verdoppelung“ einer Prophetie zu beobachten.

Hübscher schreibt hierzu:

„Beliebt ist ein gekürzter und zurechtgemachter Rupescissa-Text von den Drangsalen der Kirche und des Papstes, in dem vorsorglich das Strafgericht über den sündigen Klerus ausgemerzt ist.

Der Text erscheint unter dem Namen eines Bruders Johann vom gespaltenen Felsen oder eines Sehers Johann von Vatiguerro – beide treten manchmal nebeneinander als zwei verschiedene Persönlichkeiten auf; zum zweiten Male, nach dem Nebeneinandergehen von Holzhauser und Ricci, erleben wir die sonderbare Verdoppelung einer Prophetie.“

Der Ehrwürdige Bartholomäus Holzhauser (1613–1658), ein schwäbischer Geistlicher, wurde durch die Erklärung der Apokalypse Johannis bekannt. In seinem Namen wurde später die 1814 von Görres hervorgeholte „Weissagung vom großen Monarchen" verkündet. Holzhauser wirkte eine Zeitlang in Tittmoning in Bayern und danach in Loeggendorf in Tirol. Er gründete ein Institut für Weltpriester und starb in Bingen am Rhein. Holzhauser ist der letzte Endkaiser-Prophet von Rang.

Der Jesuitengeneral Lorenzo Ricci (1703–1775) erklärte die Gesichte Holzhausers in holländischer Sprache. Seither wird sie gleichzeitig unter seinem Namen verbreitet. So ähnlich war vielleicht das Verhältnis zwischen der Mühlhiasl- und der Stormberger-Prophezeiung. In einigen Prophetiensammlungen wird die Weissagung vom großen Monarchen einmal in der Version Holzhausers und anschließend, mit geringen Abweichungen, in der Darstellung Riccis wiedergegeben.

# 3. Mühlhiasls Prophezeiungen über die Weltkriege

*Erfüllte Prophezeiungen über den Ersten und Zweiten Weltkrieg · Vorzeichen der dritten Kriegskatastrophe · Blitzlichter des Untergangs*

## „Wenn die Waldbahn fährt…“

Den Ausbruch des ersten großen Krieges in unserem Jahrhundert sagte der Seher des Bayerischen Waldes für die Zeit der Fertigstellung der Eisenbahn von Kalteneck nach Deggendorf voraus. Er zeichnete genau die Lage der Gleise dieser am 1. August 1914 eröffneten Vorwaldbahn.

In den Tagen, als der Mühlhiasl von der Zukunft sprach, gab es noch kein Telefon, kein Fahrrad, kein Auto, und auch der elektrische Strom, die Eisenbahn und das Flugzeug waren noch völlig unbekannt. Dennoch war der Prophet in der Lage, zwei Jahrhunderte zu überspringen und um 1790 Dinge zu prophezeien, die weit über seinen eigenen geistigen Horizont hinausreichten.

Über den Ersten Weltkrieg sagte er: „Der große Krieg wird von dem Kleinen angefangen, der Große überm Wasser (Amerika) macht ihn aus.“

Weiter sagte der Mühlhiasl den Bau der Nibelungenhalle (Passau) und die Anlage von Teerstraßen voraus, welche die Verbindung mit Orten herstellen würden, die damals nur Waldwege besaßen. Kurz vor Kriegsbeginn 1914 überflog der Zeppelin den Bayernwald. Mühlhiasl sah ihn und nannte ihn in seinen Gesichten den „weißen Fisch“ am Himmel. Das achtzig Jahre später erfundene Fahrrad beschrieb er als „zwei Radeln, schneller als Roß und Hund“.

Die von Mühlhiasl angekündigte Donaubrücke in Straubing wurde vor Kriegsausbruch 1939 vollendet, und dennoch blieb sie unfertig. Dr. C. Adlmeier schreibt dazu in seinem Büchlein *Blick in die Zukunft:* Da ich die Weissagung des Mühlhiasls kannte, ging ich 1939 der Sache nach. Die Donaubrücke in Straubing wurde gebaut und fertiggestellt, und doch war sie nicht fertig. Es fehlte noch der Betonbelag, als ich darüberging und mir die Sache ansah. Ich sah es mit eigenen Augen. Dann brach der Zweite Weltkrieg aus."

Über die Jahre 1933–1945, also die Zeit des Dritten Reiches, sagte der Mühlhiasl:

In der guten Zeit für die Bauern, die zuerst käme, würden diese hauptsächlich „fressen und saufen". Alle Grenzraine würden umgeackert und alle Hecken ausgehauen (zur „Erringung der Nahrungsfreiheit", wie es amtlich hieß), überall werde politisiert, und es werde viel Streit in den Familien geben. Die Kleinen würden dann auch groß, die Großen klein werden. Der strenge Herr werde vieles planen, aber es werde nicht alles durchgeführt werden.

Wenn ein Baum auf dem Kirchturm von Zwiesel die Länge eines Fahnenschaftes habe, dann sei die Zeit da. Das war 1944 der Fall. Und im gleichen Jahr kam das prophezeite „Fledermaus-Geld" auf: der Zwanzigmarkschein ließ in der Zeichnung der Zahl deutlich eine Art Fledermaus erkennen.

Als eines der frühen Vorzeichen für den näherkommenden Dritten Weltkrieg beschrieb der Waldprophet den Straßenbau von Straubing bis „Pilmersberg" (Pilgramsberg). Die Straße von Straubing nach Cham wurde fertiggestellt.

Nach dem Zweiten Weltkrieg herrschte nicht die erhoffte und angenommene Ruhe. Denn das Volk werde dann aufstehen, und „in jedem Haus ist Krieg". Der Kampf aller gegen alle werde ausbrechen, und jeder werde den Besitz verlieren, und kein Mensch sei in der Lage, dem anderen zu helfen. Am Ende würden die reichen und vornehmen Leute umgebracht. Wer keine Schwielen an den Händen habe, werde getötet. In dieser Zeit würden die

Bauern hohe Zäune um ihre Häuser bauen und auf ihre Bedränger schießen.

Auch die „Bauwut" sei ein ernstzunehmendes neues Kriegsvorzeichen. Überall werde gebaut, nichts wie gebaut, auch Bauten wie Bienenstöcke (moderne Hochhäuser). Wenn die Menschen solcherart damit befaßt seien, sich einzurichten, als ob sie die Erde niemals mehr verlassen möchten, nie mehr fort wollten, dann werde bald „abgeräumt" werden.

## „Eiserner Besen durch Böhmen..."

Das Schicksal des Böhmerlandes, also der Tschechoslowakei, sei gleichfalls ein Vorzeichen für die dritte Kriegskatastrophe. Der eiserne Besen werde das Land auskehren.

Im Bayerischen Wald sollen die Keller des Klosters Windberg Schutz bieten. Nach der großen Katastrophe können sich die Überlebenden des Waldgebietes in den Windberger Klostermauern sammeln – mehr werden nicht übrigbleiben. Die Menschen werden so selten sein, daß jeder, der in der Dämmerung einen Wacholderstrauch (Kranawittstaude) sieht, gleich nachschaut, ob es nicht cin Mensch sei. Ein Fuhrmann wird sagen: Da stand einmal die Stadt Straubing. Die Kühe und Pferde sind so selten, daß man ihnen silberne Glocken bzw. goldene Hufeisen geben könnte. Tief im Walde werden noch Hähne krähen.

Jeder kann danach soviel Land nehmen, wie er will. Große Glaubensprediger und wundertätige Heilige werden durch das Land ziehen. Sie werden auch die noch umgehenden bösen Geister und Gespenster austreiben. Bevor dazu eine kosmische Katastrophe kommt und infolge einer Superbombe vielleicht in Bayern die Erde aufplatzt, werden alle Ereignisse der „drei Zeiten" in Erfüllung gehen.

# 4. Das ist die erste Zeit: „Die Welt wird den Verstand verlieren!“

*Allerweltsklugheit und Glaubenslosigkeit · Wirtschaftliche Not · Krise des Christentums · Übervölkerung*

## „Es geht drüber und drunter!“

Die erste Zeit, die den Beginn des großen Unheils, das über die Welt kommt, darstellt, ist nach den Worten des Mühlhiasls daran zu erkennen, daß alles drüber und drunter geht. Niemand wird mehr in der Lage sein, Wahrheit und Lüge, die eng miteinander verwoben sind, auseinanderzuhalten.

Die Menschen werden in dieser Zeit immer klüger, aber sie verlieren den Glauben an Gott. Der Anfang dieser ersten Zeit dauert viele Jahre. „Aber bald schon werden die Leute sagen: ‚Ach, wären wir niemals geboren!‘ Denn die Folgen des beginnenden Unheils werden unvorstellbar sein.“

Das Geld wird keinen Wert mehr haben, „es wird zu Eisen“. Ein Laib Brot wird mehr als zweihundert Gulden kosten, und es wird Hungersnot herrschen.

Es wird eine Zeitlang möglich sein, für einen „einzigen Goldgulden“ einen ganzen Bauernhof zu erwerben.

Die Menschen aber werden einander nicht mehr lieben. Jeder Mensch wird nur an sich denken und sich nicht mehr um das Wohlergehen des Mitmenschen kümmern.

Deshalb wird auch der christliche Glaube „in eine harte Schule kommen“. Der Glaube wird so klein werden, daß man ihn „insgesamt in einen Hut tun kann“. Es wird leicht sein, den Glauben aus den Menschen zu vertreiben. Man wird es mit einem „Geißelschnalzen“ tun können; denn die Menschen werden keinen Widerstand mehr gegen den Unglauben leisten.

Wer es noch wagt zu beten, wird es heimlich und im Finstern tun. Der Herrgott, das Kruzifix, wird von der Wand genommen und „in den Kasten gesperrt“ (in eine Schublade gelegt). Die Priester, die Schwarzröcke, wird jeder meiden wie die Pest. Daran wird sich nichts ändern, bis das große Unheil offen zum Ausdruck kommt und „die Welt abgeräumt“ ist.

Wenn aber die Katastrophen über die Welt und die Menschen kommen, werden die Leute laut beten und schreien und „den Herrgott aus dem Kasten nehmen“. Aber es ist dann zu spät und wird nicht mehr helfen. „Die Sach’ geht dann ihren Lauf.“ Nur wenige Menschen werden die heraufziehende Zeit von Krieg und Schrecken überstehen. In dieser Zeit und danach wird man sich überall wieder das „Gelobt sei Jesus Christus“ zurufen, das man viele Jahre vergessen hatte.

## Alles folgt seiner Bestimmung

„Kommen wird alles, wie es bestimmt ist. Wer nicht ein Herr sein kann, muß ein Knecht bleiben. Oftmals müssen die Jungen für die Fehler und Unterlassungen der Alten büßen.“

Wenn „der Himmel sprach“, konnte der Mühlhiasl „schauen, was aus der Welt wird“.

Er hatte Zeiten, in denen er glaubte, alles stünde um ihn still, Luft und Wasser, Leben und Tod:

Wenn es im Bayerischen Wald so viele Leute gibt „wie Hennerflöh“, wird alle Liebe und Freundschaft zwischen ihnen zu Ende gehen.

Danach kommt eine Zeit, in der kein Baum und auch kein Grashalm mehr wachsen will. „Das wird eine Welt werden, die sich auch der Klügste nicht ausdenken kann: Der Schreck oder das Glück wird jeden umbringen, der in diese ferne Zeit schauen kann.

Die Menschen werden das Feuer vom Himmel holen und die Dürre hervorzaubern, bis sie sich gegenseitig umbringen und das große Sterben durch das Land geht.“

## Mühlhiasl als Sterndeuter und Magier

Der Mühlhiasl war in der Lage, wie es hieß, in den Sternen zu lesen. Er konnte sehen, wenn die Lebensuhr eines Menschen ablief. Es wurde von ihm berichtet, er könne auch die Geister bannen und den Teufel beschwören.

Die Tiere des Waldes, auch Vögel, Ratten und Nattern, gehorchten ihm. Es schien, als könne er mit ihnen sprechen. Zur Weihnachtszeit ließ er sich einen Schemel aus neunerlei Holz machen, um sich in der Losnacht daraufzusetzen. „Auf diese Weise konnte er alle Hexen leibhaftig sehen. Ein Zauberschemel dieser Art ist der Volkssage nach nur brauchbar, wenn er aus folgenden Holzarten besteht: Tanne, Fichte, Birke, Buche, Apfelbaum, Birnbaum, Kirschbaum und Föhre. Die Stifte müßten aus Kranawitten (Wacholder) sein.“

Der Mühlhiasl konnte auch brüllen wie ein Stier und wurde von seiner Herde verstanden.

Er sagte den Menschen in seinem Lebenskreis Unglück, Tod und Krankheit voraus. Und es traf ein, wie er es gesagt hatte.

Der Mühlhiasl konnte auch brüllen wie ein Stier und wurde von seiner Herde verstanden.

# 5. Das ist die zweite Zeit: „Stolze Häuser auf der Donau und Weiberköpf wie Besen!“

*Mondlandungen · Luxusschiffe · Landflucht · Städtischer Luxus*

## „Menschen auf dem Mondschein...“

„Auf dem Rand des Felsens kniete der Waldhirte, das Gesicht verzückt der glänzenden Mondscheibe zugewandt, die Arme verlangend dem Nachtgestirn entgegengestreckt, das um seinen Kopf und die langen schwarzen Haare einen gleißenden Schimmer wob.

Die weiten Ärmel des Hirtenkittels waren dem Hiasl zurückgerutscht, und an den mageren Armen zitterten die Hände mit gespreizten Fingern. Bald flüsternd und murmelnd, bald klagend und beschwörend fielen die geheimnisvollen Worte des Verzückten in die helle Mondnacht, und der schwarze Wald zu seinen Füßen lauschte im Zauberbann.“

So schildert Baumsteftenlenz in seinem Roman *Mühlhiasl, der Waldprophet,* wie der berühmte Volksprophet des Bayerischen Waldes eine seiner prophetischen Offenbarungen empfing:

Die Menschen werden – aus der Sicht des schlichten Waldhirten um 1750 – in eine närrische Zeit hineingeraten.

Sie werden die Sterne so groß sehen wie die Berge (durch die astronomischen Riesenfernrohre). Ja, sie werden schließlich sogar dort herumgehen, wo der Mondschein ist (Mondlandungen der Astronauten; das Umherwandeln von Menschen auf dem Mondschein kann sich aber auch auf die Fahrt zum Mond beziehen, denn sie reisen gewissermaßen auf den Mondstrahlen).

## „Stolze Häuser auf der Donau..."

In dieser zweiten Zeit bis zum „Weltabräumen" werden auf der Donau stolze Häuser schwimmen. Wie sollte der schlichte Waldbewohner wohl die hochmodernen, wunderbaren Donauschiffe, die bis zum Schwarzen Meer fahren, anders beschreiben? Um diese Zeit werden die Bauern die Lust zur Arbeit verlieren. Man muß dabei an die der Landwirtschaft fehlenden Hilfskräfte oder die schlechte Bezahlung der bäuerlichen Erzeugnisse denken. Mühlhiasl wollte damit womöglich auch die Preisgabe von zahllosen Landwirtschaftsbetrieben und die Abwanderung der Bauern in die Industrie zum Ausdruck bringen.

Die Landbevölkerung wird, wie das heute geschieht, auch in der Kleidung dem Städter gleich werden. Das Jahrtausend wird voll, „wenn man die Weiberleut wie die Geißen spürt", d. h., sie als hochhakige „parfümierte Geschlechtswesen" wahrnimmt.

Wolf, Luchs und Bär werden dann nicht mehr sein.

Der Wald wird vorübergehend wie ein Garten, in dem aber nur noch selten ein Vogel singt. Denn der Gesang eines Vogels wird den Menschen dann als ein solches Wunder erscheinen, daß sie stehenbleiben, um zuzuhören. Bald danach aber werden unter einem überhängenden Fels am Fuchsenriegel die letzten Menschen des Bayerischen Waldes das Beten lernen. Wenn das große „Abräumen" durch den Herrgott vorüber ist, werden diese Menschen die neue Welt aufbauen, und Gott wird sie auf diesem Wege begleiten.

„Ein glutroter Ball, hob sich der Mond im Osten über das Gebirge und goß ein rotes Licht aus. Stieg und machte die Nacht taghell. Zusammengekauert saß der alte Waldhirte in der Nacht auf dem Stein und murmelte wieder und wieder: ‚Du sagst es, und ich glaub's!'

Dann lief der Hiasl so sicher ins Tal, als führe ihn der unsichtbare Mondgeist . . ."

## „Weiberköpf wie Besen..."

Und weiter prophezeite der Mühlhiasl: „Wenn die Weiberleut Köpfe tragen ‚wie die Besen' (hochtoupiertes Haar), wenn die roten Hausdächer und die roten und blauen Hüte aufkommen, wenn ‚auf den Straßen die weißen Gäns kommen', dann ist die zweite Zeit da."

Was er mit den weißen Gänsen gemeint hat, ist unklar. Vielleicht meinte er das Aussehen und Motorengeräusch heller Mopeds?

„Wenn die Rabenköpf aussterben, dann kommt die andere Zeit. Der große Krieg ist nahe . . ."

Der Waldprophet empfing seine Offenbarungen von der Zukunft aber nicht nur in den hellen Nächten, wenn er aus dem Schein des Mondes und dem Strahl der Sterne das Geschick der Welt las:

„Dann und wann, oftmals mitten in der Nacht, wenn ein Wind über die Pürstlingswiese brauste, die Stiere sich mürrisch unter das Blätterdach des Ahorns drängten, wenn der Sommerregen in schweren Schauern auf den Wald trommelte, der Donner dumpf und knatternd über die Berge rollte und die Blitze niederzuckten, saß der Hiasl auf seinem Lager und sang ein leises melodisches Lied, das weich und beschwörend, schmeichelnd, aber auch wieder hart und rufend klang, unterlegt mit den Worten einer fremden Sprache . . ." (Baumsteftenlenz)

Unabänderlich sah der prophetische Hirte immer wieder das große „Weltabräumen" mit dem Untergang seiner Welt, mit den zertrümmerten Städten, den ermordeten Menschen, heraufziehen . . .

„Wenn die Weiberleut Köpfe tragen ‚wie die Besen', dann ist die zweite Zeit da."

# 6. Das ist die dritte Zeit: „Die Mannsbilder werden sich gewanden wie die Weiberleut — und umgekehrt!“

*Eisenbahnen, Autos und überall Häuser · Geheimnisvolle Zusammenhänge · Deutsche Zwietracht und Vakanz des Papststuhls*

**„Wenn der eiserne Hund bellt...“**

In der letzten, der dritten Zeit, die dem großen „Weltabräumen“ unmittelbar vorangeht, werden eiserne Straßen in den Wald hinein gebaut. „Gerad vor Klautzenbach vorbei wird der eiserne Hund bellen. Mit dem Bau einer eisernen Straße in die Schwarzach wird begonnen.“

Die Straßen und Hunde aus Eisen sind die Schienen und Züge der Eisenbahn. Der Eisenhund ist die Lokomotive: „Der fahrende Rauch wird durch den Wald bellen.“

Der Mühlhiasl sah aber auch unsere Automobile: auf hellen Straßen werden „Wagen ohne Roß und Deichsel“ fahren. In Zwiesel wird ein großes Schulgebäude für die Soldaten (Kaserne) errichtet. Überall werden Häuser stehen. „Aber einmal werden aus den Fenstern die Brennesseln wachsen.“

Zu den typischen Zeichen dieser Zeit gehört es auch, daß „die Mannsbilder sich wie die Weiberleut anziehen und umgekehrt“.

Die Frauen tragen ja heute schon Hosen und Stiefel, während viele Männer sich durch langes Kopfhaar weiblich geben.

In dieser Zeit wird ein strenger Herr den Leuten die Haut abziehen. Die Preise für alle Waren und die Steuern gehen in die Höhe. Diese Steuern kann am Ende niemand mehr zahlen. Auch sind Gesetze zu erwarten, die kein Mensch einhalten kann.

Die Weissagung von der Eisenbahn und dem Auto finden wir außer beim Mühlhiasl auch bei der Schwarzwälder Zigeunerin Katharina Leistnerin, die 1831 in Gutach starb. Sie war eine umherziehende Bettlerin, unter dem Namen „Geißen-Käther" bekannt, und besaß das Zweite Gesicht. Auch der „alte Jasper" (Eilert), der Spielbernd und Johann Peter Knopp haben ähnliche Voraussagen über die „eiserne Straße" und die „Wagen ohne Roß" gemacht.

Die Weissagung über die Eisenbahn wurde in den nachstehend angegebenen Jahren zum erstenmal gedruckt: Spielbernd 1846, Jasper 1848, Knopp 1859, Mühlhiasl 1923, Geißen-Käther 1932.

## Geheimnisvolle Zusammenhänge

„Es gibt jedoch eine engere, schwer erklärbare Gemeinsamkeit zwischen dem Mühlhiasl und der Geißen-Käther, nicht nur in der Gesamthaltung, die das Gedankengut der großen Weissagung seit Jahrhunderten sorglich wahrt: sie zeigt sich auch in den Voraussagen über Bauernnot und Bauernnotwehr, die irgendwie mit den sozialen Prophetien des ‚oberrheinischen Propheten' und des Lichtenbergers zusammenhängen mögen.

Dann aber gibt es wieder Einzelheiten, mit denen die Geißen-Käther sich vom Mühlhiasl sondert und der norddeutschen Sehergruppe nähert: man wird zu Köln im Blute waten, ein Bauernkaiser wird am Ende kommen – hier ist die rheinische Überlieferung wirksam, die wir über den Spielbernd und das Volksbuch von den zwölf Sibyllen zu dem Regulus novus Lichtenbergers und dem Fürsten aus kleinem Stamme des oberrheinischen Revolutionärs und weiter zu Gamaleom zurückverfolgen können.

Auch dies ist eine Prophezeiung aus der deutschen Sibyllenprophetie, daß ein Fuhrmann einst mit der Peitsche auf eine wüste

Stelle zeigen und seinen Fahrgästen erklären werde: Hier stand einst die stolze Stadt Prag (oder Breslau oder Graz). Beim Mühlhiasl ist sie auf das heimatliche Dorf zugeschnitten. Sie kommt aus dem Zusammenhang der böhmischen Weissagung des ‚blinden Jünglings'. Aber wir werden sie, in der gleichen Zeit, auch auf Paris angewendet finden. Und sie kann weit zurückverfolgt werden. In der siebten Vision Daniels sprechen die Menschen am Ort der Siebenhügelstadt: Ob das je eine Stadt war?

Wieder andere Motive verbinden die Weissagung des Waldpropheten mit der Prophetie des Rheinlandes. Als die Prämonstratenser des Klosters Windberg den Stormberger (den Doppelgänger des Mühlhiasls) von der Türe wiesen, soll er gesagt haben: ‚Grad so, wie ihr mich jetzt hinaustut, tun sie euch bald selber hinaus.' Das Kloster sei bald darauf der Säkularisation verfallen. Es ist auch die Drohung des von den Stiftsdamen verjagten Johann Peter Knopp. Und noch ein anderes Wort verbindet Stormberger mit Knopp, daß man der Kuh, die nach dem großen Aufräumen noch übrig bleibt, eine Glocke umhängen solle und daß man zu jedem fremden Menschen sagen werde: Bruder, wo hast du gesteckt? Auch diese Frage kommt aus der Prophetie des blinden Jünglings. So seltsam berühren sich die Kreise." (Aus Arthur Hübschers *Die große Weissagung.*)

In diesem Zusammenhang ist anzumerken, daß der blinde Jüngling von Prag rund fünfhundert Jahre vor dem Mühlhiasl lebte.

Auch der namentlich ungenannte „oberrheinische Revolutionär" prophezeite das kommende Strafgericht: Feuer fällt vom Himmel, Blutregen überschwemmt die Länder, die Völker werden von Hungersnöten, Seuchen und Bürgerkriegen heimgesucht. Wenn „eine grauenvolle Unsittlichkeit" – wie sie auch Mühlhiasl voraussagte – einsetzt, droht dem christlichen Glauben durch den Einfall von „Türken" der Untergang.

Spalatinus berichtete Melanchthon vom Versiegen großer und tiefer Brunnen bei Beginn des göttlichen Strafgerichts. Vor der Sintflut füllten sich alle Brunnen mit Wasser. Jetzt aber müßten sie versiegen, und das sei ein bedrohliches Vorzeichen. Das knapp werdende Wasser werde den großen Weltbrand einleiten, mit dem Gott die Welt läutern wolle.

## „Alles ist fremd, schrecklich und wild!"

Der Mühlhiasl konnte nicht alles beschreiben, was er vor rund zweihundert Jahren in unseren Tagen erschaute, denn vieles blieb ihm völlig fremd. Ihm fehlten die Worte, um seine Gesichte verständlich zu machen. Das Geschehen unserer Tage erschien ihm fremd, schrecklich und wild:

„Über Nacht wird es dann geschehen. Über den Hühnerkrobel, den Falkenstein und den Rackel werden die Rotjankerl kommen. Auch auf der Straße Cham–Stallwang–Straubing werden sie dahinziehen.

Der ganze Bayerwald wird schwarz von ihnen wimmeln. Man wird sie ‚die Roten' nennen, aber sie tragen nichts Rotes in der Kleidung.

Alles wird so plötzlich und überraschend kommen, daß die Bevölkerung mitten im Tagewerk davon überrascht wird.

In Zwiesel werden die Männer im Wirtshaus sitzen, wenn die Roten jäh in die Stadt eindringen. Die Leute werden dann aus dem Bayerwald rennen."

Der Prophet rät der Bevölkerung auch zur Flucht:

„Wenn sie kommen, muß man davonlaufen, so schnell es geht. Es genügt, als Mundvorrat einen Laib Brot mitzuführen. Wer mehrere Brote mitnimmt und alle bis auf einen Laib verliert, soll sie nicht wieder aufsammeln.

Denn es eilt. Aber die Gefahr dauert nicht länger, als ein Laib Brot ausreicht, um am Leben und bei Kräften zu bleiben. Auf dem waldlosen Gäuboden bei Straubing kann man sich in den Weizenmandln, den aufgestellten Kornstiegen, verstecken."

Der Überfall wäre also im Hochsommer während der Weizenernte zu erwarten. Die militärische Invasion „der Roten" würde demnach in einer einzigen Nacht beginnen.

## Blick in die Zukunft, nicht in die Vergangenheit

Der Waldprophet Mühlhiasl konnte nur in die Zukunft, nicht aber in die Vergangenheit schauen. In dem großartigen Lebensgemälde des Sehers läßt der Verfasser Baumsteftenlenz den Mühlhiasl diese Tatsache bewußt erfahren:

„Eine riesige Felswand stieg steil aus dem zerschmetterten Waldgrund und ragte auf wie die Mauer eines hohen Steindomes, gekrönt von alten sturmzerfetzten Fichten, die der Orkan, der unter ihnen den Hang gemäht hatte wie ein Schnitter das Kornfeld, nicht aus dem steinigen Wurzelboden hatte brechen können.

Auf der schwindelnden Höhe, von der der Blick weit über die herzoglichen Lande reichte, stand der Mühlhiasl. Auf einem Felsblock neben ihm kauerte, das Gesicht in die Hände verborgen, die wilde Juscha. Der Lenzwind ließ Haar und Bart des Mannes flattern. Die Geierfeder auf dem Zunderhut wippte bei jedem Windzug auf und nieder.

Er sah über die Wälder und das Land unter sich und schien doch dessen Schönheit nicht zu bemerken. Seine geballten Fäuste bebten, und stoßend kamen die Worte über die bärtigen Lippen: ‚Das ist mein Fluch, Juscha, und ich trag ihn und weiß nit, warum ich ihn tragen muß!

Ich kann sehen, was kommt, und was ich möchte, einmal in das Vergangene zu schauen, das kann ich nit . . .‘ “

Im tausendjährigen Wald erlebte der Waldprophet vor zweihundert Jahren einen künftigen Untergang seiner Welt. Er sah die Städte Niederbayerns in Trümmer sinken.

Der Tod herrschte, so weit der Blick reichte. In Massenmorden wurde die Bevölkerung ausgerottet. Das Feuer zerstörte Kirchen, Klöster. Sogar die Friedhöfe wurden dem Erdboden gleichgemacht. Die Priester und sonstigen Würdenträger wurden erstochen, gehängt oder erschossen oder einfach erschlagen.

So sah es der Mühlhiasl – das „große Weltabräumen“. Doch er war mit solchen Visionen tragischen Unterganges nicht alleindastehend.

## „Wenn der deutsche Kaiser Zwietracht hat..."

In einer mündlichen Überlieferung der prophezeiten „Schlacht am Birkenbaum" in Westfalen, die 1849 zum erstenmal aufgezeichnet worden ist, heißt es in Übereinstimmung mit den diesbezüglichen Gesichten des Mühlhiasls:

„Es wird eine Zeit kommen, wo die Welt sehr gottlos werden wird. Das Volk will unabhängig sein von König und Obrigkeit. Nicht Treue, nicht Glauben herrschen mehr.

Es wird dann zu einem allgemeinen Aufruhr kommen, so daß der Vater gegen den Sohn und der Sohn gegen den Vater steht. In dieser Zeit wird man sich bemühen, die Glaubenssätze in Kirche und Schule zu verdrehen. Auch wird man neue Bücher einführen. Die katholische Religion wird dann sehr bedrängt werden, und man wird sich bemühen, sie gänzlich abzuschaffen.

Die Menschen lieben Spiel und Scherz, Lustbarkeiten aller Art um diese Zeit . . . Aber dann wird's nicht mehr lange dauern.

Vor der großen Umänderung und der gänzlichen Erneuerung der Kirche wird der Papststuhl eine kurze Zeit ledig stehen, und der deutsche Kaiser wird Zwietracht haben, das Deutsche Reich ist von innerer Zwietracht zerissen (BRD, DDR!).

Dann bricht ein furchtbarer Krieg aus."

„Ich kann sehen, was kommt, und was ich möchte, einmal in das Vergangene zu schauen, das kann ich nit . . .“

# 7. „Alles Leben wird vernichtet: kein Stein bleibt auf dem anderen!“

*Greuel wie zur Hunnenzeit • Vernichtung der Kirchen, Klöster, Friedhöfe, Priester • Zerstörung der Städte*

## Das Vorspiel zum „großen Weltabräumen“

Den tragischen Höhepunkt der „dritten Zeit“, die der niederbayerische Waldprophet Mühlhiasl erschaute, bildet die Untergangskatastrophe, die der Seher immer wieder das „große Weltabräumen“ nannte. Der furchtbare Krieg werde Niederbayern in eine Trümmerwüste verwandeln. Das Christentum werde auch in seinen Bauten ausgerottet. Keine Stadt könne der Vernichtung entgehen. Die folgende Darstellung stellt eine Zusammenfassung einer Veröffentlichung des *Niederbayerischen Reporters* (Straubing) dar.

Die Zeit wird alleweil närrischer, und so nimmt es nicht wunder, daß die Menschen wie Vögel in der Luft fliegen. Wenn das große Unheil unmittelbar bevorsteht, wird ein großer weißer Vogel in den Bayerischen Wald kommen und es ankündigen.

Durch die Ereignisse wird der Wald licht und leer. Das Holz wird teuer. Die Bewohner des Waldes werden im Winter frieren müssen.

Der Antichrist wird die Menschen beherrschen und unter ihnen weilen, aber niemand wird sein wahres Wesen erkennen. In den Städten wird ein heilloses Durcheinander herrschen. Der Bruder wird sich gegen den Bruder wenden. Die Mutter wird ihre Kinder verstoßen.

In der großen Notzeit werden die Städter aufs Land zu den Bauern fliehen. Sie werden versuchen, den Bauern Land und Pflugschar zu rauben, um am Leben zu bleiben. Aber die Bauern werden viele von ihnen erschlagen. Die Städter mit den feinen Händen werden aufgehängt.

Über Nacht wird das Unheil anheben. Aus den böhmischen Wäldern werden die Roten kommen. Das Bayerland wird verheert und verzehrt, das Böhmerland mit dem Besen ausgekehrt. Ein großer Krieg wird kommen von Sonnenauf- bis Sonnenuntergang. Alles wird übereinander herfallen. Die Menschen werden über die Berge schauen (Fernsehen!). Der Himmel wird voller Zeichen sein. Das Feuer, das alles vernichtet, wird vom Himmel fallen. Das große Sterben wird über das Land gehen.

## „Sie hausen wie die Hunnen“

Der Untergang Niederbayerns bildet das Detail einer weltweiten Vernichtungskatastrophe. Bomben werden auf die Städte fallen, alles Leben wird ausgelöscht, das ganze Gebiet hoffnungslos verwüstet.

Die Städte Straubing, Landshut, Passau, Vilshofen, Deggendorf und Plattling werden restlos zerstört. Dort bleibt kein Stein auf dem anderen.

Die Menschen werden sterben wie die Fliegen. Aber das Sterben wird ihnen gar nicht leichtfallen. Während die Städte in Trümmer sinken, hauchen die Menschen mit schmerzverzerrten Gesichtern ihr Leben aus. Außer den Städten werden auch die Dörfer in Flammen aufgehen. „Viel Feuer wird kommen.“

Die Roten aus Böhmen ergießen sich über den gesamten Bayerischen Wald.

Sie werden die Männer töten und die Frauen vergewaltigen. Zunächst werden sie sich in den Städten zwischen Passau und Regensburg festsetzen. Am meisten werden hierbei Straubing, Passau und Deggendorf zu leiden haben.

Die Verwüster werden dann zwar nach Westen ziehen, aber bald zurückkommen und ihr Unwesen fortsetzen.

In und um Passau werden die Roten alles vernichten, was an das Christentum erinnert, Kirchen, Klöster und Friedhöfe. Die Roten selbst haben überhaupt keinen Glauben, weder einen christlichen noch einen anderen. Sie sind gottlos und glauben ausschließlich an die materielle Macht. Terror und Gewalttat sind ihre einzigen Methoden.

In Straubing und Passau kommt es zu Massenmorden. Auf dem sogenannten Gäuboden, einem fruchtbaren Weizenboden bei Straubing, werden die Invasoren länger bleiben. Sie werden überall hausen wie vor langen Zeiten die Hunnen.

## Massenmorde und Massenflucht

Gleich nach dem ersten Einmarsch der Roten aus Böhmen in Passau und Straubing müssen sich Priester und Würdenträger bei den neuen Machthabern melden, soweit sie nicht schon verhaftet wurden.

Wer sich meldet, wird sofort erschossen oder anderweitig zu Tode gebracht. Es finden furchtbare Gemetzel statt. Möglichkeiten zur Flucht sind fast völlig ausgeschlossen.

Nur in einigen Teilen des Bayerischen Waldes besteht eine Chance zum Überleben: in den großen Wäldern im Perlbachtal bei Mitterfeld; in den Senkungen bei Buchberg; in den Bergwerken bei Bodenmais; im Alterbachtal bei Arnbruck. An diese Plätze gelangen die wilden Kriegsscharen nicht.

Ganz schlimm aber wird es in Deggendorf. Unter den Frauen und Kindern der Stadt wird ein großes Weinen und Wehklagen herrschen. Denn alle Männer und Väter werden verschleppt. Keiner von ihnen kehrt jemals wieder zurück. Alle bleiben für immer verschwunden und verschollen.

In Straubing, Passau und Deggendorf werden große Brände gelegt. Die Stadt Landshut wird restlos ein Raub der Flammen. Sie geht unter durch Tod, Feuer, Pest, Hunger und Leid. Die Bewohner von Regensburg können überleben, wenn sie die Stadt verlassen. Es wird riesige Flüchtlingstrecks geben.

## „Das Jahrhundert des Endes hat begonnen“

„Da is einmal d’Straubinger Stadt gestanden“, sagt dem Mühlhiasl zufolge ein Fuhrmann und schlägt mit der Peitsche auf den Boden. „In einer Nacht wird’s geschehen“, daß Groß- und Kleinstädte und Dörfer durch den Dritten Weltkrieg zerstört werden.

Auch mit dieser Voraussage steht der Mühlhiasl keineswegs allein. In der berühmten *Weissagung von Orval,* die zu Anfang des 19. Jahrhunderts in der Zisterzienser-Abtei Orval in Luxemburg entdeckt wurde und die die große französische Revolution und Napoleon prophezeite, heißt es: „Viele Städte gehen durch Feuer zugrunde.“ Diese Prophezeiung aus dem 18. Jahrhundert, also aus der Zeit des Waldpropheten, spricht über den Zeitabschnitt, der sich nur auf den Dritten Weltkrieg beziehen kann, folgende Weissagungen aus:

„Gott wird gepriesen während vierzehnmal sechs Monden und sechsmal dreizehn Monden (d. h. während sieben Jahren und sechseinhalb Jahren). Gott wird genug Barmherzigkeit geübt haben. Dennoch will er für seine Guten den Frieden um zehnmal zwölf Monde verlängern (d. h. um zehn Jahre), also um eine Friedenszeit von insgesamt dreiundzwanzigeinhalb Jahren.

Gott allein ist groß! Das Gute ist getan, die Heiligen werden zu leiden haben.

Der Mensch des Bösen, aus zweierlei Blut entsprossen, kommt.

Die weiße Lilie verdunkelt sich während zehn Monden und sechsmal zwanzig Monden (d. h. zehn Jahren) und verschwindet dann, um nicht mehr zu erscheinen.

Viel Böses, wenig Gutes um diese Zeit. Viele Städte gehen durch Feuer zugrunde.

Danach wird Israel aus freiem Antrieb zum Christus-Gott kommen.

Verfluchte Sekten und gläubige Sekten werden beiderseits deutlich sein.

Doch es ist geschehen: Gott allein wird alsdann geglaubt und der dritte Teil Galliens und abermals viertehalb Gallien hat keinen Glauben mehr. So auch die anderen Völker.

Und nun sind es schon sechsmal drei Monde (eineinhalb Jahre) und viermal fünf Monde (ein Jahr und acht Monate), daß alles sich trennt, und das Jahrhundert des Endes hat begonnen.

Nach einer vollen Zahl von Monden (d. h. zwölf = ein Jahr) kämpft Gott durch seine beiden Gerechten, und der Mensch des Bösen gewinnt die Überhand.

Doch es ist geschehen; der erhabene Gott stellt eine Mauer von Feuer hin und verdunkelt meine Erkenntnis, und ich sehe nichts mehr ...“

Sie werden die Männer töten und die Frauen vergewaltigen.

# 8. Die letzte Schlacht: „Vom kalten Baum zum schwarzen Wasser!“

*Warnung vor Stolz und Hochmut · Himmelszeichen · Nächstenliebe leitet die „glückliche Weltzeit“ ein · Der Mühlhiasl-Mythos*

## „Wo die Kirche verkehrt steht...“

„Der letzte Kampf des großen Krieges wird sich zwischen dem kalten Baum und dem schwarzen Wasser abspielen. Diese Schlacht wird dann stattfinden, wenn die Soldaten dort sind, wo die Kirche verkehrt steht.“

Die Vorstellung von einer großen Schlacht an einem bestimmten Baum war im Anfang verbunden mit dem mystischen Glauben an die Wiederkehr Kaiser Friedrichs II. von Hohenstaufen, der hauptsächlich von Sizilien und Apulien aus das Heilige Römische Reich deutscher Nation regiert hatte.

In dieser alten Prophezeiung heißt es: Der Kaiser wird jenseits des Meeres am dürren Baum seinen Schild aufhängen. Bereits die byzantinische Apokalypse Daniels verlegte die gewaltige Entscheidungsschlacht, die der Erretterkaiser gegen die Tartaren schlagen muß, an den „Einbaum“. Auch Marco Polo kannte diesen Baum und berichtete, er sei *arbre sec* oder *arbre seul* genannt worden. Hieraus entwickelte sich später der Begriff des *arbre sol*. In einer Kreuzfahrt-Prophezeiung aus dem Jahre 1221 heißt es: Wenn der Priesterkönig David und Kaiser Friedrich II. in Jerusalem zusammenkommen, werde „der dürre Baum wieder grünen“. Der König, der seinen Schild an einen dürren Baum hängt, wird die Weltherrschaft erringen, berichtet Johannes von Hildesheim. In einer anderen Fassung legt der König Schwert und Schild am dürren Baum nieder und entsagt der Herrschaft.

Der Birkenbaum ist ein grüner bzw. ausgegrünter Baum. Der eigentliche Endzeitkaiser im Kyffhäuser war nicht Friedrich Barbarossa, sondern Friedrich II., der Herrscher der Zukunft, der „bergentrückte Kaiser“ (Leibniz).

Die Verbindung zwischen der Birkenbaum-Schlacht und der Türkenschlacht bei Köln, zwei uralte Prophezeiungen, stellte Lichtenberger 1527 in seiner *Prognosticatio* her: Der türkische Baum wird grünen, die Türken werden Deutschland erobern, aber „am letzten wird der letzt vor Cöln erschlagen“.

An die Stelle der alt-neuen Endschlacht bei Jerusalem tritt die Entscheidungsschlacht der Zwischenzeit bei Köln, die letzte Schlacht im Abendlande „zwischen Straßburg und Holstein, Salzburg und Brügge“ (Hübscher).

Der Waldprophet war ohne jede Schule oder Unterweisung aufgewachsen. Er konnte weder lesen noch schreiben und kannte sich in der Welt aus eigener Erfahrung nicht aus, denn seine Lebenszeit von fast hundert Jahren verbrachte er überwiegend als Waldhirte.

Die Visionen künftiger Ereignisse kamen von selbst über ihn. Er konnte nur berichten, was er sah.

Während des schrecklichen Kriegs werden die Leute krank; aber niemand kann ihnen helfen. Von den Bergen wird nirgendwo mehr ein Licht zu sehen sein. „Aber wenn sich im Ried der erste Rauch zeigt, ist alles überstanden.“

Dann wird das Beten wieder gelten. Die harte Arbeit wird wieder zu Ehren kommen. Wer ein Haus und Grund und Boden haben will, erhält beides geschenkt. Wer das Unheil überstehen will, muß einen Kopf aus Eisen haben.

„Um das Unheil zu verhüten, sollten sich die Menschen beizeiten vor falschem Stolz und eitlem Hochmut in acht nehmen, denn durch beides stellt sich das Unglück ein.“

Die Welt muß sich nach dem Willen des Herrgotts richten. Sie kann nicht ohne reich und arm, Herr und Knecht bestehen. Es gibt kein Brot, ohne daß jemandem „der Buckel drum weh tut“. Das Unheil beginnt, wenn die Liebe zum Bruder, zum Mitmenschen aufhört. Es wird fortdauern, bis die Nächstenliebe zurückkehrt. Alles kommt, wie es kommen muß, der Welt zur Lehre und bis „zum Anfang der glücklichen Weltzeit“.

Dann werden Kreuze auf die Berge gestellt und auf den Höhen Freudenfeuer brennen.

## „Ein großes Himmelszeichen kommt“

Wenn das „Weltabräumen“ unmittelbar bevorsteht, wird es ein großes Himmelszeichen geben. Aber auch nach den Ereignissen des entsetzlichen Krieges fällt als weiteres Zeichen des Abräumens plötzlich auch noch Feuer vom Himmel.

Mitunter, wenn der Mühlhiasl von den Dingen redete, die da kommen mußten, vom Schicksal der Menschen und der Erde, von Visionen und Träumen, wandte er seinen Blick nicht von der roten Glut des Herdfeuers, selbst wenn er einen der Anwesenden ansprach.

Viele Geschichten vom Mühlhiasl und seinen Prophezeiungen gingen durch den großen Bayerischen Wald und wurden breit ausgeschmückt.

Besaß der Waldprophet auch die Gabe des Verdoppelns seiner Person, wie sie nicht nur Magiern und Mystikern, sondern auch großen Heiligen und Wundertätern zugeschrieben werden? Es gibt manche Berichte darüber. Der Waldhirte mit seiner prophetischen Gabe wächst darin zu einer mythischen Gestalt über sich selbst hinaus.

## Die letzte Prophezeiung des Waldpropheten

Mühlhiasl trug, wie es hieß, im Alter von etwa fünf Jahren eine Zauberwurzel, die Alraune, an einem Band um den Hals.

Dieser Zauberwurzel werden seltsame und geheime Kräfte zugeschrieben; denn sie läßt sich nach dem uralten Volksglauben nur in Vollmondnächten unter dem Galgen ausgraben. Die Alraune braucht zum Wachsen den Schweiß des Gehenkten. Die Wurzel gleicht in ihrer äußeren Gestalt einem kleinen Männchen mit Kopf, Leib, Armen und Beinen.

Die letzte Prophezeiung einer Wahrsagerin war, daß ein Mensch nach Rabenstein komme, von dem man noch Jahrhunderte lang sprechen werde.

Die letzte Prophezeiung des Mühlhiasls war, er werde noch ein Zeichen geben nach seinem Tod.

Auf dem Weg zum Friedhof der alten Goldwäscherstadt Zwiesel fiel der Legende nach der Sarg mit dem hundertjährigen Waldpropheten infolge eines Radbruchs vom Wagen. Und der Deckel des Sarges löste sich. Die Hand des Toten reckte sich noch einmal wie ein warnendes Zeichen steif zum Himmel empor!

Der Deckel des Sarges löste sich. Die Hand des Toten reckte sich noch einmal wie ein warnendes Zeichen steif zum Himmel empor!

# 9. Vernichtungskatastrophe von Sonnenauf- bis Sonnenuntergang: „Wenn der Tausender voll wird ...“

*Was uns bis zum Jahre 2000 erwartet · Prophezeiungen, die noch nicht in Erfüllung gingen · Prognosen-Vergleich*

## „Häuser wie Schlösser und Paläste“

Die Zeit des „großen Weltabräumens“ steht unmittelbar bevor, sobald die kurzen Sommer kommen: „Wenn man Sommer und Winter nicht mehr auseinanderkennt, dann ist's nimmer weit.“ Um diese Zeit großer klimatischer Veränderungen, für deren Kommen es manche Anhaltspunkte gibt, „fahren die meisten Leut mit zweiradeligen Karren (Motorrad) so schnell, daß kein Roß und kein Hund mitlaufen kann“. In der Stadt werden riesenhohe Häuser gebaut, auf dem Lande werden Häuser wie Schlösser errichtet, und die Schulhäuser ähneln Palästen. Überall sind Missionen, und überall wird über den Glauben gepredigt, aber kein Mensch kehrt sich daran.

„In der Stadt geht die Gaudi zuerst los. In jedem Haus ist Krieg. Da wird der Bruder den Bruder und die Mutter ihre Kinder nicht mehr kennen.“

„Die Geistlichen werden verachtet wegen ihres schlechten Lebens; hoch und nieder wird die Gebote nicht mehr achten; die größten Ungerechtigkeiten wird man für keine Sünde mehr achten.“

Wenn der Tausender voll wird (d. h. wenn wir uns dem Jahre 2000 nähern), erwarten uns Ereignisse, deren Vorhersage sich bislang noch nicht erfüllt hat.

## „Reitender Teufel wie buntes Glas"

Wenn die fortschrittlichen und schrecklichen Ereignisse, die nebeneinander einhergehen und die nur das Vorspiel zur großen Katastrophe bilden, ihren Höhepunkt erreichen, geschieht den hier zusammengefaßten Prophezeiungen des Mühlhiasls zufolge dies:

○ Ein Himmelszeichen kündet es an.

○ Dann wird der Teufel ohne Füße und ohne Kopf über die Berge reiten. Er wird alle Farben haben und sein wie Glas.

○ Aus dem Osten kommen die Roten, die Rotkappen, die Rotjankerl.

○ Wer feine Hände hat, wird aufgehängt werden. Doch das dauert nur bis zwei Mondlängen (Monate?).

○ Die Städter laufen zum Bauern aufs Feld, um selbst zu ackern, aber der Bauer erschlägt sie mit seinem Arbeitsgeschirr.

○ Die Bauern werden hohe Zäune um die Häuser bauen und auf jeden, der vorbeikommt, schießen.

○ Zuletzt werden die Bauern Steine zu Brot backen und betteln gehen.

○ Die letzte Schlacht ist zwischen dem kalten Baum (dem legendären Birkenbaum bei Köln?), dem schwarzen Wasser und dem Ort, wo die Kirche verkehrt steht. (In Freyung hat die Kirche den Altar auf der Westseite.)

○ Zuletzt kommt der „Bänkeabräumer", eine alles dahinraffende seuchenartige Krankheit. Die Häuser werden zu Fuchs- und Wolfshöhlen.

○ Nach dem großen Abräumen, das nur wenige überleben, kann sich jeder ein Haus und soviel Land kostenlos auswählen, wie er will.

○ Wenn die Welt abgeräumt ist, stehen große Glaubensprediger und heilige Männer auf, die Wunder tun, und die Leute finden zum Glauben zurück.

## Verlust unverständlicher Prophezeiungen

Es ist anzunehmen, daß viele weitere Prophezeiungen, die der Mühlhiasl machte, verlorengegangen sind, weil sie – in der damaligen Zeit – allzu unverständlich erschienen und deshalb weder mündlich noch schriftlich weitergegeben wurden.

Was sollten die Menschen vor hundertfünfzig bis zweihundert Jahren mit einer politisch gemeinten Prophezeiung über die „Roten" anfangen? In unserer Zeit wurde, wie Mühlhiasl es ankündigte, „das Böhmerland mit dem Besen ausgekehrt".

Im Sudetenland wachsen in manchen verödeten Siedlungen bereits, wie Mühlhiasl es sah, die Brennesseln aus den Fenstern der verlassenen Häuser.

„Der Inhalt dieser Hellgesichte war für die damaligen einfachen Zeit- und Wirtschaftsverhältnisse so verwirrend, daß es den biederen Wäldlern der guten alten Zeit nicht zu verdenken ist, wenn sie bei weitem nicht alles für bare Münze nahmen, was ihnen ihr Waldprophet als bestimmt eintretende Ereignisse zu glauben vorhielt. Gemäß seinem eigenen Ausspruch bezog sich das Eintreffen seiner Zukunftsschau auf einen Zeitraum von beinahe zweihundert Jahren ..." (Aus Schrönghamer-Heimdahls *Der Waldprophet.)*

Nach Ansicht Schrönghamer-Heimdahls wird schon die nächste Zeit zeigen, was von den Mühlhiasl-Prophezeiungen zu halten ist:

„Es wird ja nichts so heiß gegessen, wie es gekocht wird, gleichwohl wird man gut tun, diese Dinge nicht auf die leichte Achsel zu nehmen. Wir haben schon Schwereres durchgemacht, als was uns nach diesen Weissagungen noch bevorstehen soll, und das tröstliche ist: Nach dem großen Aufräumen kommt für die Menschen wieder eine gute Zeit."

# 10. Die Visionen des Waldpropheten: Teil der „Großen Prophezeiungen“

*Bestätigung der Gesichte Mühlhiasls durch Hellseher aus sieben Jahrhunderten · Eine wichtige Bilanz · Viele sagten das Gleiche*

## Ähnliche Visionen in ganz Europa

In seinem Buch *Hellseher schauen die Zukunft* schreibt P. Norbert Backmund: „Mühlhiasl war ein Hellseher, und er hat ohne Zweifel existiert.“ Der Autor gelangt aufgrund des sorgfältigen Studiums aller Quellen über die Person und die Voraussagen Mühlhiasls zu dieser Schlußfolgerung. Aber die Prophezeiungen des Mühlhiasls wurden teils wörtlich auch anderen Sehern in den Mund gelegt, teils machten Hellseher aus verschiedenen europäischen Ländern unabhängig voneinander ähnliche Voraussagen wie der Waldprophet aus Bayern.

Manche Forscher behaupten deshalb, daß es im Grunde nur eine einzige Sammlung der „Großen Prophezeiungen“ gibt, in die alle Voraussagen mit folgenden, immer wiederkehrenden Behauptungen einmünden:

Die Menschheit wird durch große Katastrophen bestraft, bis ein großer Monarch sie rettet und ein glückliches Zeitalter heraufführt.

Ähnliche Voraussagen wie Mühlhiasl machten Sibylle Weis (Egerland) und der böhmische Bauernprophet Josef Naar (Fuhrmanl), der 1763 starb.

Der niederbayerische Autor Paul Friedl bekennt sich zu der Auffassung, daß die Prophezeiungen Mühlhiasls im Kern auf den hellseherischen „blinden Jüngling von Prag" zurückgehen, der bereits im 13. Jahrhundert lebte und dessen Aussagen in alten Handschriften nachzulesen sind.

Es ist kaum anzunehmen, daß der einfache Waldhirte und Mühlrichter bewußte Kenntnis von diesen Prager Voraussagen, die damals bereits ein halbes Jahrtausend zurücklagen, gehabt hat. Vielmehr dürfte es sich um eine Analogie der Gesichte handeln. Paul Friedl bestätigte diese Auffassung, indem er schreibt:

„Beachtlich aber ist, daß im 17. und 18. Jahrhundert, also in der Zeit, in welcher der Mühlhiasl gelebt hat, auch anderwärts Männer mit dem Zweiten Gesicht im Kern fast gleichlautende Prophezeiungen ausgesprochen haben, so der bekannte ‚Bürger von Siebenbürgen', der ‚Fischer von Königsberg', der ‚Seher aus der Bretagne' und der ‚Eremit von Bergamo'.

Jeder lokalisierte seine Angaben mit für das Volk begreiflichen Beispielen und örtlichen Voraussagen, kündigte die eisernen Straßen an und die Wagen, die ohne Roß und Deichsel laufen; und jeder tat dies nach seiner Art.

So auch der Mühlhiasl, der auf den Meter genau anzeigte, wo die eisernen Straßen mit dem bellenden Hund verlaufen werden, und voraussagte, daß, wenn sie fertig seien, der große Krieg kommen wird . . ."

## Birkenbaum-Schlacht und Bauernkaiser

Unter den Zeitgenossen Mühlhiasls gibt es eine Anzahl von deutschen Sehern, die ähnliche Prophezeiungen machten. Bernhard Rembold, im Volksmund „Spielbähn" genannt, lebte von 1689 bis 1783 und war Rheinländer. Seine Prophezeiungen, die 1846 zum erstenmal gedruckt wurden, stellen P. Norbert Backmund zufolge eine Zusammenfassung und Weiterentwicklung der sogenannten *Mainzer Prophetie* dar.

Ähnlich wie Mühlhiasl spricht Rembold von einer künftigen Zeit voller Hoffart, Wollust und Kleiderpracht sowie von Luftschiffen, Dampfern und Eisenbahnen.

Er prophezeite zwei furchtbare Kriege: „Die heilige Stadt Köln wird derart verwüstet werden, daß die Menschen bis zu den Knöcheln in Blut waten."

Der „Junge von Elsen", ein einäugiger Bauer aus dem Dorf Elsen bei Paderborn, verkündete:

„Zwischen Salzkotten und der Heide bei Paderborn wird mit dem dorthin geflohenen Feinde eine große Schlacht geschlagen. Man wird ‚bis an die Knöchel' im Blute waten. So heißt es auch in den alten Weissagungen von der Türkenschlacht bei Köln."

Die „Schlacht am Birkenbaum" ist Jahrhunderte hindurch Bestandteil alter Prophetien. Von ihr spricht auch der westfälische Seher Wessel Dietrich Eilert (der „alte Jasper"). Bei Mühlhiasl wird der Birkenbaum zum „kalten Baum". Die mit dem Zweiten Gesicht begabte Bettlerin „Geißen-Käther" sagte analog zum Mühlhiasl: Dereinst werde ein eiserner Weg den Schwarzwald hinaufführen, auf dem feurige Wagen ohne Roß hin- und herfahren. Es werde „Wagen ohne Rösser" geben. Ein großer Silbervogel werde über die Berge fliegen, in dem Menschen säßen.

Dann werde ein Krieg die ganze Welt in Flammen setzen. Er werde in Köln enden: „Die allerschlimmste Zeit kommt, wenn die Frauen Schuhe tragen, unter denen man hindurchsehen kann."

In den Prophezeiungen von Johann Peter Knopp aus Ehrenberg, der 1714 bis 1794 lebte und dessen Gesichte 1859 zum erstenmal gedruckt wurden, heißt es: Schiffe ohne Pferde werden den Rhein heraufkommen. Wagen ohne Pferd werden mit gellenden Tönen laufen. „Dann wird es Krieg geben, wenn es keiner glaubt . . ." Knopp spricht wie Mühlhiasl auch von der Begegnung nur noch vereinzelt den großen Krieg überlebender Menschen.

So wie der Mühlhiasl den Mönchen von Kloster Windberg die künftige Vertreibung (im Zuge der Säkularisation) prophezeite, so hat auch Johann Peter Knopp von Ehrenberg Ähnliches vorausgesagt: Der Seher kündigte der Äbtissin des Damenstiftes zu Sankt Catharinen die kommende Aufhebung des Klosters an. Deshalb hegten die frommen Damen einen Groll auf ihn. Als ihm eines Tages die Pförtnerin den Einlaß verwehrte, soll der Hellseher gesagt haben: „Es wird die Zeit kommen, wo man euch ebenso behandeln wird. Man wird euch unbarmherzig von hier wegweisen.“

Auch das nachfolgende Motiv findet sich, ähnlich wie bei Mühlhiasl, bei Knopp: „Nach der großen Schlacht wird man jede Kuh wegen ihrer Seltenheit an eine goldene Kette legen. Wenn die Menschen einander treffen, werden sie sagen: ‚Freund, wo hast du dich erhalten?‘ “

Der Mühlhiasl erklärte: „Die Leut’ sind wenig, grüßen tun s’ wieder: ‚Gelobt sei Jesus Christus!‘ und einer sagt zum andern: ‚Grüß dich Gott, Bruder, grüß dich Gott, Schwester! Wo hast du dich denn versteckt gehabt?‘ “

In ähnlich lautenden alten Weissagungen Schleswigs und der Schweiz heißt es, daß die Übriggebliebenen der Großen Zukunftsschlacht von *einer* Trommel essen können. Nach der Schlacht wird auch der siegreiche König seine Mahlzeit an einer Trommel halten. Eine jüngere Schweizer Fassung lautet: Die Sieger fragen einander, ob sie in einem oder in zwei Wirtshäusern einkehren sollen. Es zeigt sich, daß sie alle in einem einzigen Gasthaus Platz haben.

Auch in Dänemark ist das Land nach der großen Schlacht menschenleer. Holger Danske werde zurückkehren, wenn im ganzen Lande nur noch so viele Männer am Leben sind, daß sie Platz auf einer Tonne haben.

„Es werden – nach dem Bänkeabräumen – große Glaubensprediger auferstehen“, verkündete der Mühlhiasl.

Der Patriarch der westfälischen Seher, der Kleinbauer Wessel Dietrich Eilert, genannt der alte Jasper, verkündete hierzu ebenfalls um 1800 Näheres:

„Es wird *eine* Religion werden. Am Rhein steht eine Kirche, da bauen alle Völker dran. Von dort wird nach dem Kriege ausgehen, was alle Völker glauben sollen. Alle Konfessionen werden sich vereinen . . . In dieser Gegend werden die Geistlichen so rar werden, daß man nach dem Kriege sieben Stunden weit gehen muß, um einem Gottesdienst beizuwohnen.“

## „Sechzig Jahre vor dem Jahr 2000“

Eine Zeitangabe der Bettlerin Geißen-Käther kündigte für das Jahr 1940 einen Krieg an. Bei der Flucht genüge es, einen Laib Brot, eine Seite Speck und einen Krug Kirschwasser mitzunehmen.

Die Zeitangabe stimmt etwa mit den von Mühlhiasl genannten fünf Generationen (hundertfünfzig Jahre) überein. Der Waldprophet aus Niederbayern wird aber auch durch Katharina Emmerich bestätigt, die in ihren Gesichten über künftige Weltereignisse der von Mühlhiasl geschilderten Art als Zeitpunkt etwa sechzig Jahre vor Anbruch des Jahres 2000 nennt.

Offenbar werden der Erste und der Zweite Weltkrieg als ein einziges Geschehen empfunden.

Die „dritte Zeit“ leitet dann den Dritten Weltkrieg ein, der nicht mehr als Krieg im herkömmlichen Sinne, sondern als ein „Weltabräumen“ wahrhaft apokalyptische Züge trägt.

Als Alois Irlmaier, ein bekannter Hellseher des 20. Jahrhunderts, 1953 nach den Prophezeiungen Mühlhiasls befragt wurde, erklärte er, daß er die Dinge im großen und ganzen genau so wie der Waldprophet sehe. Damit spannt sich ein Bogen vom Jüngling von Prag im 13. Jahrhundert bis in unsere Tage. Über einen Zeitraum von siebenhundert Jahren hinweg finden die Gesichte des Waldpropheten Mühlhiasl ihre Bestätigung durch ähnliche Visionen anderer Hellseher.

2. Teil:

# ALTE UND NEUE PROPHEZEIUNGEN BIS ZUM BEGINN DES DRITTEN JAHRTAUSENDS

# 11. Der Angriff aus dem Osten

*Alte Prophezeiungen bestätigen Mühlhiasls Visionen vom Dritten Weltkrieg · Das Jahr X · Stimmen der Wissenschaft · Gesichte von Mystikern · Kampf um den Erdkreis · Fortschritt und Schrecken*

## „Zur Zeit der Kornblüte"

Die Zusammenfassung aller Prophezeiungen und Voraussagen über einen Dritten Weltkrieg zeigt, daß die großen Seher seit Jahrhunderten Schreckensvisionen hatten, die sich nur auf unser technisches Zeitalter beziehen können. Eine drohende Kriegskatastrophe, verbunden mit Umwälzungen in Natur und Kosmos, sagte auch Nostradamus voraus. Mit einem Ablauf des Kriegsgeschehens, wie ihn die Prophezeiungen schildern, wird in ähnlicher Form auch von den geheimen Nachrichtendiensten gerechnet.

Die Propheten und Hellseher verkünden seit alten Zeiten den Schrecken eines aus dem Osten kommenden Angriffs auf Deutschland und Europa. Bereits in der *Mainzer Prophetie,* die auf das Jahr 1670 zurückgeht, heißt es nach Hinweisen, die sich nur auf den Ersten und Zweiten Weltkrieg beziehen können, über „das künftige Saeculum eines neuen Krieges":

„Zur Zeit der Kornblüte werden Teutschlands Feinde über dasselbe herfallen, aber in schwerem Ringen wird Teutschland sich der Gegner erwehren. Und Mongoley und Polackenland wird groß Blutvergießen sehen . . . Man wird wie die Vögel des Himmels in Lüften fliegen, mit Wagen ohne Pferd fahren, die Artollerey wird Kugeln schleudern, die wieder weiterschießen. Und das unlöschbare Feuer Naphta wird Städte und Flecken zerstören."

Besonders bedeutungsvoll erscheint der gleichzeitige Hinweis auf Polen und die Mongolei, der auf zeitlich zusammenfallende Ereignisse an der Ost- und Westgrenze der Sowjetunion schließen läßt.

Der Hinweis auf die „Zeit der Kornblüte", also den Sommer, findet sich seit ältester Zeit bei fast allen Voraussagen.

Zu der sehr alten, weitverbreiteten Prophezeiung von der „Schlacht am Birkenbaum" gehört die Voraussage, daß dem Kriegsausbruch ein zeitiges, sehr schönes Frühjahr vorangehe.

Der Mühlhiasl empfiehlt den Flüchtlingen aus dem Bayerischen Wald, sich im waldlosen Gebiet bei Straubing in den Weizenstiegen zu verstecken. Darin könnte ebenfalls ein Hinweis darauf erblickt werden, daß der militärische Überfall im ausgehenden Hochsommer stattfindet.

Alois Irlmaier (gest. 1959) prophezeite:

Wenn der Dritte Weltkrieg ausbricht, wird der März so, daß „die Bauern Habern bauen".

„Die Jahreszeit kann ich nur aus den Zeichen ablesen. Auf den Gipfeln der Berge liegt Schnee. Es ist trüb und regnerisch und Schnee durcheinander. Im Tal ist es gelb.

Dem Krieg voraus geht ein fruchtbares Jahr mit viel Obst und Getreide."

Anton Johansson: „Der Dritte Weltkrieg wird Ende Juli oder Anfang August ausbrechen. Es ist Sommer in Nordschweden. Die norwegischen Gebirge haben noch keinen Schnee."

Der Schäfer Jasper aus Deininghausen verkündete um 1830: „In dem Jahre, wo der Krieg ausbricht, wird ein so schönes Frühjahrswetter sein, daß im April die Kühe schon im vollen Grase gehen. Das Korn wird man noch einscheuern können, aber nicht mehr den Hafer."

Der Schieferdecker Hermann Kappelmann aus Scheidingen bei Werl sagte voraus:

„Nach vielen Jahren wird ein furchtbarer Krieg ausbrechen. Zeichen dessen werden sein: Wenn im Frühjahr die Schlüsselblumen in den Hecken stehen und überall Unruhe herrscht – in diesem Jahr geht es noch nicht los.

Wenn aber nur ein kurzer Winter war, wenn die Schlüsselblumen frühzeitig aufblühen und es ruhig scheint, dann glaubt niemand an Frieden."

Eine Prophezeiung aus dem Jahre 1622, zitiert von Beykirch in seinem 1849 erschienenen Buch *Prophetenstimmen:*

„Der Monat *Mai* wird sich im Ernst zum Kriege rüsten; aber es ist noch nicht die Zeit dafür.

Der Monat *Juni* wird auch zum Kriege einladen; aber dann ist es auch noch nicht Zeit.

Der Monat *Juli* wird ernst und grausam handeln, daß viele von Weib und Kind Abschied nehmen müssen.

Im *August* wird man an allen Enden der Welt von Krieg hören.

*September* und *Oktober* werden ein großes Blutvergießen mit sich bringen.

Im *November* wird man Wunderdinge sehen."

## Der Beginn der Tragödie

Prof. Dr. Kurt Becsi schrieb ein aufsehenerregendes Buch mit dem Titel *Aufmarsch zur Apokalypse* und dem Untertitel „Große Allianz oder Dritter Weltkrieg" (Paul Zsolnay Verlag, Wien/Hamburg). Der österreichische Kulturphilosoph Becsi legt in seinem Werk dar, warum der „Aufmarsch zur Apokalypse" längst begonnen hat. Becsi verfügt über ein enormes historisches Wissen. Er spannt den Bogen vom Schisma innerhalb der Kirche bis zur Spaltung der heutigen Welt, in deren sozialen Spannungen und starren Machtkonzentrationen das Prinzip der „apokalyptischen Dialektik" verwirklicht ist. Die Endzeit ist im Atomzeitalter erreicht.

Weltuntergangsvisionen sind so alt wie die Menschheit. Doch noch nie waren sie so schlagend anwendbar auf die unmittelbare Gegenwart und Zukunft wie heute. Becsi weist nach, daß die

*Geheime Offenbarung* des Johannes Wort für Wort unsere Stunde Null vorzeichnet. Die Entschlüsselung dieser rätselhaften Prophetien, aber auch die Interpretation der Nostradamus-Texte und ihre Gegenüberstellung mit realen politischen und strategischen Gegebenheiten sind ebenso kühn wie von zwingender Logik. In Becsis großer horizontal-erdumspannender und vertikal-geschichtlicher Schau erhalten die Warnungen von Männern wie John F. Kennedy und Prof. C. F. von Weizsäcker plötzlich apokalyptisches Gewicht.

Becsi fordert den Leser heraus, in einer Großen Allianz die Überlebenschancen der Menschheit zu erkennen. Er sieht die Entwicklung so:

„Der Dritte, der apokalyptische Weltkrieg entspricht in seiner globalen Konzeption der Revolutionsstrategie Mao Tse-tungs. Zu diesem überraschenden Schluß führt die moderne Interpretation der Geheimen Offenbarung, verschiedener Prophezeiungen, so die des berühmten Nostradamus, wie der Versuch, diese Prophetien mit bereits deutbaren politischen und strategischen Entwicklungen übereinzustimmen.

Das ‚Weltdorf', die Dritte Welt, gewaltige Teile Asiens, Afrikas, vielleicht auch Lateinamerikas, werden sich gegen die ‚Weltstadt', gegen die USA und das westliche Europa, erheben."

Bernhard Philberth schreibt über den Charakter des Verlaufs eines Dritten Weltkrieges, wie er aus der *Geheimen Offenbarung* zu verstehen ist: „Sieben Siegel, sieben Posaunen, sieben Schalen." Er interpretiert dies wie folgt:

„Die Geheime Offenbarung besteht aus sieben Siegeln, die die gesamte Geschichte umfassen:

Die ersten sechs Siegel davon enthalten die allgemeine Vorgeschichte bis heute, das siebente Siegel besteht aus den sieben Posaunen, die die gesamte Endgeschichte umfassen:

Die ersten sechs Posaunen davon enthalten die Einleitung der Endgeschichte, die siebente Posaune besteht wiederum aus den sieben Schalen, die die gesamte Erfüllung der Endgeschichte umfassen:

Die ersten sechs Schalen davon enthalten die Einleitung des Schlußaktes, die siebente Schale ist dieser Schlußakt in der Vollendung des Gerichtes über die Welt und die abgefallene Menschheit."

In ähnlichem Sinne erklärte unter anderem Prof. C. F. von Weizsäcker: „Sollte der totale Krieg ausbrechen, so wird er wahrscheinlich das Ergebnis der Eskalation eines begrenzten Konfliktes sein."

Die *Geheime Offenbarung* könnte man in bezug auf die Entwicklung des Krieges etwa wie folgt auslegen:

1. Angriff von Panzerarmeen, unterstützt von Flugzeugen, Vorherrschen der konventionellen wie flexiblen Kriegsführung (Geh. Offb. 9, 7 – 12).
2. Angriff sowjetischer Einheiten am Nordpol, die jedoch zurückgeschlagen werden (Geh. Offb. 15, 1 – 4).
3. Vorstoß chinesischer Armeen über den Euphrat und Einbruch in den Nahen Osten (Geh. Offb. 9, 13 – 21).
4. Vormarsch auf Jerusalem.
5. Totale Vernichtung der eingedrungenen chinesischen Armeen bei Harmagedon. Da diese Millionen Menschen umfassenden Heere unaufhaltsam alles überrollen, scheint nur noch ein letztes, ein furchtbares Mittel zu bleiben, sich ihrer zu erwehren: die atomare Vernichtung (Geh. Offb. 14, 19).
6. Diese furchtbare atomare Vernichtung – Millionen Menschen gehen zugrunde – steigert den Haß des Ostens zum Wahnsinn eines totalen, gegen die Großstädte gerichteten Atomkrieges. Die Vernichtung von New York bildet das Fanal dieses totalen Atomkrieges (Geh. Offb. 17 und 18 Kap.).
7. Gleichzeitig werden „die Städte der Heiden", die im Osten liegenden Großstädte, atomar vernichtet (Geh. Offb. 16).

„Es genügt aber nicht, den Verlauf des Dritten Weltkrieges global zu verfolgen; dieser muß auch innerpolitisch als eine Kette von furchtbaren und grausamen Bürgerkriegen und Revolutionen erkannt werden." Und weiter erklärt Kurt Becsi: „Fast alle Staaten und Völker der Erde spalteten sich in der Zeit nach dem Zweiten Weltkrieg in zwei annähernd gleiche Hälften auf, die fast überall als Rechts und Links zu bezeichnen sind.

Die Spaltung der Menschheit setzt sich also in der Spaltung vieler Völker fort. Nicht nur der Aufmarsch zur Apokalypse, sondern auch der Aufmarsch zum Bürgerkrieg ist in vielen Staaten bereits vollzogen. Ausgenommen davon erscheinen nur noch mehr oder weniger diktatorische Systeme. Am Rand eines Bürgerkrieges stehen noch immer Frankreich, Italien, zugleich jene Staaten, in denen die kommunistische Partei am stärksten ist."

Darauf bezieht sich die Prophezeiung Christi: „Der Bruder wird seinen Bruder, der Vater sein Kind dem Tod überliefern. Kinder werden sich gegen ihre Eltern erheben und sie töten." (Markus 13, 11–12.)

Diese Prophezeiung hat immer schon ihre relative Berechtigung besessen, sie schien durch manche Kriege und Bürgerkriege der Geschichte bestätigt; doch sie wird erst in einem Dritten Weltkrieg und in den Kettenreaktionen von Bürgerkriegen, welche mit diesem Weltkrieg parallel laufen, absolute Gültigkeit erlangen und sich Wort für Wort erfüllen.

Auch die Vereinigten Staaten bewegen sich nicht nur einem Rassen-, sondern möglicherweise auch einem Bürgerkrieg entgegen.

Bricht der Krieg aus, wird er voraussichtlich zunächst nur mit konventionellen Waffen geführt werden. Gewaltige Panzerarmeen werden in einer gemeinsamen, genau abgestimmten Operation mit Flugzeugflotten sich blitzartig aus dem Osten nach dem Westen ergießen. Die Blitzartigkeit des sowjetischen Einmarsches in die Tschechoslowakei könnte als Vorbild gelten. In einem gewissen Sinn kann diese militärische Operation geradezu als ein „apokalyptisches Manöver" gewertet werden.

Die Luftflotten werden mit furchtbarer Gewalt strategisch wichtige Städte bombardieren und alle etwaigen Gegenaktionen im Keim ersticken und Aufmarschbewegungen, wie selbstverständlich alle Flugzeuge und Flugplätze, vernichten. Sie werden den mit ungemeiner Wucht vorstoßenden riesigen Panzerarmeen den Weg freikämpfen.

Dieser Angriff wird nicht nur blitzartig, sondern auch überraschend, von den Warnsystemen der NATO-Staaten fast unbemerkt, erfolgen.

Versucht man die verschiedenen Prophezeiungen zu überblicken, so ergibt sich etwas wie eine Zeittafel des wahrscheinlich nicht allzu lange währenden Dritten Weltkrieges. Diese könnte folgenden Überlegungen entsprechen:

„Der völlig überraschende Angriff der Sowjetunion wie Chinas wird etwa im Hochsommer, im Juli des Jahres X erfolgen, gerade zu jener Zeit, da sich in Europa wie in den Vereinigten Staaten Millionen Menschen auf Urlaub befinden und die Einsatzmöglichkeit des Militärs reduziert erscheint (auch die Besetzung der Tschechoslowakei erfolgte blitzartig während der Urlaubsmonate).

Im Juli wird der überraschende Angriff auf Skandinavien und auf die Türkei, die beiden Flanken Europas, einsetzen. Um diese Zeit konzentrieren sich auch die chinesischen Armeen in der Provinz Sinkiang und Armeen in Südrußland. Voraussichtlich werden sie plötzlich im Iran einfallen.

Von Mitte bis Ende Juli toben bereits schwerste Kämpfe in Europa selbst. Die Vereinigten Staaten greifen ein.

Mitte Oktober dringen einzelne westliche Verbände in das atomare Feld der Ostblockstaaten ein. Um diese Zeit müssen auch die vorher in China eingedrungenen japanischen Truppen in ihrem Vormarsch innehalten, da die radioaktive Verseuchung in China immer wirksamer wird.

Die Stunde Null. Die Wirkung des totalen Atomkrieges wird global.

Die Ordnung der Menschheit, ihre internationale Struktur zerfällt, sie reduziert sich in Resten auf Punkte des Überlebens.“

## Wenn Not und Unterdrückung ein Übermaß erreichen...

Im Zusammenhang mit einem Dritten Weltkrieg sind auch die folgenden Prophezeiungen Jakob Lorbers von Bedeutung, die das Geschehen unseres Zeitalters beleuchten:

„Die Großen und Mächtigen werden den Bittenden nicht helfen ob der Härte ihrer Herzen. So wird auch ein Volk sich erheben wider das andere und wird es bekriegen mit tödlichen Feuerwaffen. Dadurch werden die Herrscher (Staatsführungen) in unerschwingliche Schulden geraten (Rüstungsaufwand) und werden ihre Untertanen mit untragbaren Steuern quälen, die Teuerungen und Hungersnöte hervorgehen lassen.

Die Erde wird unfruchtbar werden. Große Teuerungen, Kriege und Hungersnöte werden entstehen. Es wird nicht mehr lange währen bis zum letzten Feuergericht über die Erde . . . Und es wird weiter kommen, daß die Menschen große Erfindungen machen und auch auf die Natur der Erde so einzuwirken beginnen, daß diese am Ende ordentlich leck werden muß.

Es werden Zeichen geschehen durch allerlei Gerichte an jenen, die durch Trug und Bedrückung der Armen und Schwachen reich und mächtig, stolz und lieblos geworden sind. Diese werden ohne Glauben an Gott sich nur in alle Lustbarkeiten der Welt stürzen und den armen Mitmenschen kaum mehr den Wert eines gemeinen Tieres erteilen. Wenn dies einmal das Übermaß erreicht haben wird, dann folgt ein großes Gericht und die Sichtung der Menschheit."

Die Zukunftsgesichte, die der Mystiker Lorber empfing, fügen sich ein in den Rahmen der alten und neueren Prophetien. Das innere Wort, das Lorber am 20. Dezember 1846 diktiert wurde, wird eigentlich erst in unserer Zeit voll verständlich:

„Ich sage dir, da wird alles sein wie Kraut und Rüben durcheinander: Krieg mit Federn, Krieg mit leeren Taschen, Krieg mit Dieben und Räubern als ein Segen des Kommunismus. Dann wirklich Krieg mit dem Schwerte, Krieg mit der Not, Krieg mit Unzucht und Sittlichkeit, Krieg mit dem Teufel, Krieg mit sich selbst, Krieg mit der Menschheit, Krieg mit der Religion, Krieg mit Weltweisheit und sogar Krieg mit dem Tode."

Den Krieg mit der Feder erleben wir tagtäglich in Presse, Rundfunk, Fernsehen, Publikationen in Büchern und Broschüren, und in Intervallen steigert sich seine Heftigkeit.

Krieg mit leeren Taschen führen diejenigen Staaten, die selber zu arm sind, um sich modern zu bewaffnen, die aber die nötige Ausrüstung von den Groß- und Supermächten erhalten und dafür oft das Beste des Landes verpfänden und dadurch noch ärmer werden.

Der Kampf mit Banditen und Dieben gehört mittlerweile zum Alltagsleben zahlreicher wohlhabender Länder, genauso wie die allgemeine Verwahrlosung. Der heiße Krieg und die Mißachtung der Vernunft beschwören die Selbstvernichtung herauf. Der Sieg über den Tod wird experimentell z. B. in den USA durch das Einfrieren von Leichnamen versucht, die nach Jahrhunderten wieder aufgetaut und zum Leben erweckt werden sollen.

In dieser Zeit werden „die Machthaber den Menschen kaum mehr den Wert eines gemeinen Tieres erteilen und werden sie kaltblütig hinschlachten. Der böse und völlig höllische Zustand unter den Menschen wird das Gericht sein."

## „Der sibirische Bär schleift seine Reißzähne!"

Jakob Lorber bestätigt mit seinem eigenen Wortschatz erneut den Inhalt der in der Sammelbezeichnung der Großen Prophetie zusammengefaßten Unheilswarnungen. Wie der Prophet Hesekiel von Mesech (Moskau) und Thubal (Tobolsk) im antichristlichen Reiche des Großen von Magog, wie ihn Nostradamus nannte, weissagte, prophezeite auch Lorber eine aus den Weiten des eurasischen Sowjetreiches kommende Gefahr.

„Siehe, dieser Eisbär ist einer, der keine Furcht hat vor den Gänsekielen. Aber viel Gold und Silber und sehr viele Reiter, Flinten und Kanonen sind seine Sache.

Wehe, wenn er sein Lager verlassen wird. Ich sage dir, er wird siegen durch Macht und durch tyrannischen Großmut! Und das sehr bald, wenn sich die südlichen Rinder und Schafe nicht bald in Löwen umgestalten, in Löwen der Weisheit und inneren Gotteskraft."

Abschließend hört Jakob Lorber die göttliche Stimme ihm durch seinen Mund verkünden: „Nun denke nicht, daß dies alles schon gleich geschehen muß, weil Ich es dir vorhergesagt habe. Sondern es kann so geschehen, wenn diese Menschen sich nicht ändern und in ihrer großen Torheit beharren. Dann erst sage Ich dazu das unerbittliche und unabänderliche Amen!"

Das Gesicht vom sibirischen Bären, der sich in den Weiten Sibiriens zum Angriff auf Länder rüstet, deren Wohlstand reizt, wird durch die Ernährungsnotlage der Sowjetunion verständlich. In Sibirien sind nicht nur große Industrie- und Rüstungszentren gelegen, sondern dort vollzieht sich auch ein gewaltiger militärischer Aufmarsch gegen China. Die Niederringung Chinas könnte allerdings die sowjetischen Probleme in wirtschaftlicher Beziehung nicht lösen.

Der russische Bär hat keine Furcht vor den „Gänsekielen". Geschriebenes (Abkommen und Verträge) wird nur so lange gehalten, wie es ihm nützlich erscheint. Im Laufe seiner Geschichte hat Rußland so viele Verträge gebrochen, daß Kritiker in dieser Hinsicht von „Vertragsfallen" sprechen. Von Rußland, von Sibirien, aus gesehen liegt ganz Westeuropa im Süden.

Als das auslösende Moment für den Dritten Weltkrieg sah Alois Irlmaier einen dritten politischen Mord:

„Ich sehe zwei Männer, die den dritten Hochgestellten umbringen. Sie sind dafür bezahlt worden. Der eine Mörder ist ein kleiner schwarzer Mann, der andere, etwas größere, hat helles Haar. Ich denke, der Mord findet auf dem Balkan statt, kann es aber nicht genau sagen. Nach der Ermordung des dritten beginnt der Krieg über Nacht.

Die Mörder entkommen, aber dann kommt der Staubregen."
Über die vorangehenden zwei politischen Morde ist leider keine Aussage vorhanden.

Wie ist es möglich, daß gerade auf einem so wichtigen und gefährlichen Gebiet, wie dem Datum eines drohenden Kriegsausbruchs, keine Klarheit zu erzielen ist?

Sowohl Johansson als auch Irlmaier prophezeiten den Ausbruch des Dritten Weltkriegs für die fünfziger Jahre, und zwar Johansson für 1953 und 1958 und Irlmaier für 1950. Aufgrund von Informationen, die im Westen bekanntgeworden sind, wissen wir heute, daß 1949 der Kriegsausbruch um ein Haar erfolgt wäre.

Das Gleiche gilt für den Korea-Konflikt, der sich 1951 bis 1953 international auszuweiten drohte.

Damals wurde in Moskau wegen Jugoslawien, das sich vom Ostblock löste, und wegen des Besitzes von Berlin insgeheim über einen Kriegsbeginn abgestimmt. Hierbei siegte jedoch die Friedenspartei.

Auch Anfang der sechziger Jahre war ein Krieg wegen Berlin und Kuba möglich. Der 1968 in den Westen geflüchtete oberste Politchef der tschechischen Armee, General Sejna, erklärte einem Artikel in *Paris Match* zufolge, daß zwischen 1960 und 1968 ein dritter Weltkrieg viermal nur knapp vermieden wurde.

## Verratene Kriegsabsichten wirken kriegshindernd

P. Norbert Backmund (Kloster Windberg) äußert in seinem Buch *Hellseher schauen in die Zukunft* die Ansicht, daß prophetische Gesichte auch auf mögliche Kriegsausbrüche verweisen, die dann durch deren Bekanntwerden hinausgezögert werden. Der Wert der öffentlichen Bekanntgabe derartiger parapsychologisch oder astrologisch ermittelter Daten liege nicht zuletzt auch darin, daß sie einen möglichen Beitrag zur Verhinderung eines Krieges darstellen.

Wird eine militärische Aggression für einen bestimmten Tag geplant, diese aber auf irgendeine Art vorzeitig bekannt (zum Beispiel auf telepathischem Weg), dann dürfte es kaum mehr zweckmäßig sein, das geplante Unternehmen noch durchzuführen.

Der öffentliche Hinweis auf den Zeitpunkt eines drohenden Kriegsausbruchs, der seherisch geschaut oder ermittelt wurde, beschwört also keine zusätzlichen Kriegsgefahren herauf, wie oftmals behauptet wird, sondern stellt logischerweise einen einzigartigen Beitrag zur Vereitelung bestehender Aggressionspläne und zur Erhaltung des Friedens dar.

Hier bewahrheitet sich wiederum die uralte Weisheit, daß Wissen zwar Macht, Vorauswissen aber noch mehr Macht schenkt!

Seit dem frühen Mittelalter weiß eine Prophezeiung von einer kommenden „Türkenschlacht bei Köln" zu berichten, ein Ereignis, das auch in Lichtenbergers weithin bekannter *Prognosticatio* eingegangen ist. Darin heißt es u. a., daß „die Wüstensöhne der Welt Kreise einnehmen werden im Land des Mondes, acht Jahre lang. Denn sie werden Städte und Reiche umkehren, und die Priester werden sie an den geweihten Stätten erwürgen. Daselbst werden sie bei den Weibern schlafen, und aus den heiligen Gefäßen werden sie trinken, und ihre Tiere werden sie an die Heiligen Gräber binden . . . Aber bei dem goldnen Apfel zu Cöln werden sie umkommen und vertilget werden."

Um die Mitte des 7. Jahrhunderts prophezeite der wegen seiner Zukunftsschau bis ins Mittelalter im ganzen christlichen Raum berühmte Bischof Methodius von Patara (Byzanz): „Deutschland und Frankreich werden durch innere Kriege verwüstet werden, aber doch nicht unter die Herrschaft der ‚Türken' kommen."

„Zu Köln wird eine so mörderische Schlacht geschlagen werden, daß sie drei Tage und drei Nächte dauern wird. Auch der Klein-Türke wird allda geschlagen werden." So lautet eine entsprechende Prophezeiung des Spielbernd (auch der „Spielbähn" genannt).

Der Hinweis auf die „Klein-Türken" könnte eine weitere Bestätigung für die Annahme sein, daß es sich bei den Eindringlingen, die bei Köln besiegt werden, um Turkvölker aus der südlichen und östlichen Sowjetunion und nicht um die „Groß-Türken“ der heutigen Türkei handelt.

Diese Prophezeiungen haben sich bisher nicht bewahrheitet, ihre Erfüllung könnte also nur die Zukunft bringen.

Eine einleuchtende Deutung der in mehreren Prophezeiungen im Zusammenhang mit einer Papst-Devise (Malachias „Vom Halbmond“) und der „Türkenschlacht bei Köln“ erwähnten Mondsichel gibt M. Kahir in seinem Werk *Nahe an zweitausend Jahre* (Turm-Verlag, Bietigheim).

Er betrachtet den Halbmond als die Sichel im Wappen der Sowjetunion. Irlmaiers Worte von der Mondsichel, deren Enden sich bei Köln schließen, gewinnen dadurch eine überraschende Klarheit. Wahrscheinlich wurde von der halbmondähnlichen Sichel auch der Name der seit altersher prophezeiten „Türkenschlacht bei Köln“ abgeleitet. Der Name „Türken“ hat in diesem Zusammenhang Bedeutung über die Turkvölker der Sowjetunion hinaus.

## Die Schlacht am Rhein — Laser-Kanonen bei Lyon

Von der großen Völkerschlacht am Rhein spricht auch Nostradamus in Zusammenhang mit Deutschland als Aufmarsch- und Durchgangsgebiet aus dem Osten vordringender Armeen.

„Die Streitkräfte der Gläubigen haben sich zusammengeschlossen. Der Schlimmste und Stärkste der Feinde steht auf dem Wall.

Die Gläubigen werden angegriffen.

Breslau (Vratislava) erzittert.

Lübeck und Meißen (in Sachsen) erleben den Aufmarsch der Barbaren.“ (9,94)

Von Basel und Belfort aus stoßen wahrscheinlich starke östliche Verbände bis Lyon vor, wo sie zum Stehen gebracht werden.

„Von den Panzerfahrzeugen (wörtlich: Languste, gepanzerter Krebs) im flachen Land flieht die Bevölkerung von Grenoble auf die Berge von Bailly und Bresse.

Außerhalb von Lyon und Vienne (an der Rhône) trifft sie sehr starker (Eisen-)Hagel. Nur ein Drittel bleibt am Leben." (9,69)

Den Vorstoß nach Basel sagte auch Alois Irlmaier voraus.

Im Raum von Lyon spricht Nostradamus vom Einsatz einer neuen panzerbrechenden Waffe:

„Panzer zerschneidend, in den Lichtern verborgen. Für Lyon naht der Tag des Sakraments (die Todesstunde).

Die Truppen im Raum von Vienne werden vernichtet durch die Verbände aus den südlichen Kantonen Frankreichs.

Maçon (an der Rhône) hält stand." (9,70)

Mit dem „schneidenden Licht" meint Nostradamus zweifellos den neuen Waffenstrahl. Die Amerikaner haben unter der Bezeichnung „XLD-1" eine Laser-Kanone entwickelt, aber auch Frankreich hält mit dieser Entwicklung Schritt. Die Schneidwirkung des Laserstrahls wird auch in der Medizin sowie für industrielle Zwecke benutzt. Das Laser-Skalpell ermöglicht z. B. winzige Schnitte bei Augenoperationen.

Einen weiteren Hinweis auf Einsätze von Strahlenkanonen enthält folgende Prophezeiung:

„Blitze schleudert in Burgund ein Ungetüm. Niemals hat man das mit einer Maschine machen können! Ein Priester, der gelähmt wurde, wird im (englischen) Senat darüber berichten." (2,76)

Die todbringenden Laserstrahlen, die alle Materie in Nichts aufzulösen vermögen, sind auch noch über riesige Entfernungen wirksam.

Die im Norden vordringenden Panzerkeile werden wahrscheinlich an einigen Stellen die belgische und die französische Kanalküste erreichen. Britische Verbände werden in Frankreich landen und in die Kämpfe eingreifen.

„Nach dem Sieg des (britischen) Löwen, wenn die Sonne (ebenfalls) im Zeichen des Löwen steht, findet weiter unterhalb am französischen Jura-Gebirge ein Massenmorden statt.

Die Menschenverluste (in Frankreich) betragen sieben Millionen.

Lyon und Ulm werden zum Grabe für die Truppen der Weltmacht.“ (8,34)

Die dezimierten Verbände aus dem Osten, die sich in Auflösung befinden, müssen sich bei der Flucht über den Rhein erneut zum Kampf stellen:

„Der Große von Magog wird seiner Weltstellung beraubt werden, um seine Eroberungsgier zu ersticken.

Die Bewohner von Köln werden es sehr beklagen, daß die große Heeresgruppe (in ihrem Gebiet) in den Rhein getrieben wird.“ (6,40)

Mit Magog werden in der Bibel die antichristlichen Völker bezeichnet. Mit diesen Ankündigungen unterstreicht Nostradamus die alten Prophezeiungen von der „Türkenschlacht bei Köln“ und auch die sagenhafte Überlieferung von der künftigen „Schlacht am Birkenbaum“ im rheinisch-westfälischen Raum.

Die im Dritten Weltkrieg zum Einsatz gelangenden Atombomben vergleicht Nostradamus mit „künstlichen Sonnen“, die Wälder und Städte verbrennen:

„In der Nähe des (russisch-türkischen) Grenzflusses Rion und in der Nähe der Halbmond-Staaten (Araber) . . .

Die Sonne wird weite Flächen verbrennen: Wälder und Städte.

Die Wissenschaft kennt keinen Schutz.

Zuflucht sucht man bei den geweihten Kerzen.“ (6,35)

Die Nostradamus-Prophezeiungen lassen unmißverständlich erkennen, daß es sich bei diesen „Türken“ um islamische Turkvölker und verwandte ethnische Einheiten aus dem großrussischen Staatsgebiet handelt.

„In der Donau und vom Rhein wird das große (asiatische) Kamel trinken und wird es (zunächst) nicht bereuen. Erzittern werden die Menschen, die an der Rhône leben, mehr noch die an der Loire. Dann wird der gallische (französische) Hahn es in der Nähe der (französischen) Alpen vernichten.“ (5,68)

Die Zusammenhänge dieses Kriegsgeschehens werden dadurch verdeutlicht, daß Nostradamus mehrfach ausdrücklich den Namen der Stadt Köln erwähnt:

„Ein Ende nimmt die Zerstörung der großen heiligen Stätten; die Provence, Neapel, Sizilien, Seez (Suez) und Ponce (Pontus: Nordküste Kleinasiens) und Deutschland am Rhein und bei Köln werden zu Tode gequält durch die Gesamtheit der Völker Magogs."

Es ist erwiesen, daß Nostradamus in seinen Prophezeiungen auf altes und seltenes Wissen zurückgriff. Der Prophet Hesekiel sagte über Magog: „Du Menschenkind, wende dich gegen Gog, der im Lande Magog ist und der oberste Fürst von Mesech (Moskau) und Thubal (Tobol) und weissage von ihm."

In den Werken des griechischen Historikers Herodot wird Magog als der Stammvater der Skythen, die an den Strömen Don, Dnjepr und Wolga wohnten, bezeichnet. Es kann keinen Zweifel daran geben, daß der „Große von Magog" (6,40), der Köln bedrohen wird, aus Rußland kommt.

## Die Roten werden marschieren

Christopher von Marlowe schrieb *Die tragische Geschichte vom Leben und Tod des Doktor Faustus,* die von Volker von Collande, dem bekannten Intendanten der Städtischen Bühnen in Freiburg i. Br. bearbeitet wurde. Faustus und damit auch die interessanten Passagen zum Thema Nostradamus, die in diesem Buch enthalten sind, wurden auf der Bühne von Freiburg gespielt. Der Text, aus dem wir nachstehend markante Auszüge bringen, verdient stärkste Beachtung.

In einer harten Auseinandersetzung zwischen Faustus und dem Satan verlangt Faustus, mit Nostradamus sprechen zu dürfen, um von ihm die Wahrheit zu hören.

Es ergibt sich bald, daß nicht Faustus, sondern Satan der Gesprächspartner des aus dem Jenseits herbeigeholten Nostradamus wird, und er sagt voraus – über unsere Zeiten hinaus.

Faust: Gut und Böse –
Was ist Nostradamus – gut oder böse!
Ist er wie ich? Hat er ihm abgeschworen,

oder blieb er ihm treu? Großmächtiger Satan –
kann ich ihm in die Seele sehn,
sofern er sie noch hat? Ich wollt ihn immer
fragen – er wich mir aus.

Satan: So frag ihn jetzt! *(Blitz und Donner –*
*Beelzebub bringt Nostradamus gewaltsam herbei.)*

Nostradamus: Was soll die Reise,
ich lasse mich nicht von Beelzebub zitieren.
Ich dien' dem Kreuz und nicht der Hölle.
Ich bin kein ausgeklügelt Buch,
bin nur ein Mensch mit allen meinen Widersprüchen.

Faust: Er weicht aus.
Sag ehrlich, was die Wahrheit ist!
Nur darum habe ich dich rufen lassen.

Satan: Laßt mich Richter sein:
Ich kenn das Hauptbuch der Geschichte
mit allen leidenschaftlichen Versuchen
von dem da droben, die Puppen zu dressieren,
mit an den Irrsinn grenzender Geduld,
es immer wieder zu probieren, die Menschheit
in den Fehlern der Vergangenheit zu läutern:
O Wahnsinn, sie zu bessern.
Nun Nostradamus, falls du von guter Zukunft
uns berichten willst – sprich ungeniert
von all den Kriegen, die der, dem du vertraust,
nicht wird verhindern können.
Wer wird in 250 Jahren geboren? (1769 – 1821)

Nostradamus: Ein Kaiser wird geboren, ein Mann von Korsika.
Vom kleinen Soldaten wird er zum Imperator
steigen. O Frankreich, das Unterfangen endet
in großer Wirrnis,
nachdem ihm Ägypten und Rußland nicht fern
genug liegt.
Ein Leben voller Tränen und blutiger Schlachten,

der nach Elba Verbannte gelangt bis Marseille,
hundert Tage bis Waterloo bringen dem Tyrannen nicht den Sieg,
sondern den tausendfältigen Tod.
Sein Leib stirbt sehr einsam,
auf einer kleinen Insel.

Satan: In 315 Jahren? (1870)

Nostradamus: Ein großes Morden von Menschen,
gefangen wird der Neffe des Korsen.
Dem Bühnentod entgeht der stolze Hirt,
worauf ein Wilhelm deutscher Kaiser wird.

Satan: In 350 Jahren? (1914 – 1918)

Nostradamus: Als erster in Gallien, als erster in Rumänien,
über Länder und Meere hinweg, gegen London, Moskau und Paris
wird er mit blutigen Händen wilde Taten vollbringen.
Vier Jahre, ein Krieg, der die Welt und die Kronen Europas zerbricht.
Damit die revolutionäre Mütze leuchtet,
werden die Roten marschieren über Totengebein,
einer will immer röter als der andere sein.

Satan: Und in 385 Jahren? (1938 – 1945)

Nostradamus: Halb grau, halb braun wird ein großer Krieg beginnen,
im Namen Englands soll man zu den Waffen greifen.
Erst nach Osten, dann nach Westen fliegen
graue Vögel bis zum Horizont.
Ein böses Ende – Millionen werden sterben,
der Braune wird ergriffen und muß den Kelch
bis zur Neige austrinken;
der Tempel der Hadrie steht dann offen.
Zwei werden auf dem Pflaster verbrannt.
Noch ehe die Welt den Frieden erhält,
die alte Welt liegt in Schutt und Scherben –

ein Feuerblitz vom Himmel fällt.
Im Osten weit, muß alles sterben.

Faust: Phantasterei, großsprecherische Blasen,
Angst und Grau'n einflößendes Geschwätz!
Nun gut – die Welt ist schlecht,
der Teufel ist in Mode,
doch sollte nicht ein Stärkerer – wenngleich
nicht ich –,
so doch die gute alte Erde vor'm Untergang
bewahren?

Satan: Sie wird ganz langsam sterben
und nicht in einem einz'gen Feuerblitz verglühn.
Nein, sie wird langsam faulen, siechen, stinken
und in Verzweiflung auf enttäuschtes Hoffen
uns um Erlösung bitten, uns, die Gewalt.
Verändert wird die Welt nur durch das Böse;
was du für Gutes hältst, ist nichts als
ausgedörrte Leere zwischen den Gewalten.

Faust *(zu Nostradamus):* Kennst du ein einz'ges Beispiel
der Geschichte,
wie Gott im Himmel seinen Antichrist besiegt?
So, daß es jeder sieht und glaubt,
daß jeder überzeugt und gläubig betet.

Nostradamus: Nach dem Äon der Fische folgt das viel Größere.
Es bringt uns: Regen, milchiges Blut, Hunger,
Schwert und Seuchen.
Die Roten werden dann marschieren.
Am Himmel sieht man Feuer wie glühende
Schlangen zischen.
Doch vor dem Konflikt noch wird die große
Mauer stürzen,
vom Osten droht Gefahr, ein Krieg,
so gewaltig schnell – denn morgens stehn die Feinde
vor der Tür, kein Religionskrieg, aber alle,

die an Christus glauben, werden fest zusammenhalten.
Breslau zittert, Lübeck und Meißen
wird den Aufmarsch der Gottverlass'nen seh'n.
Wenn der Größte den Sieg erntet,
wird bei Nürnberg, Augsburg und Basel noch gekämpft.
Der Sieger von Köln erobert Frankfurt zurück.
Der Brandstifter wird ein Opfer des von ihm
selbst entfachten Feuers. Die jungen Roten
werden die alten Roten erschlagen.
*(Orgelmusik setzt leise ein.)*
Dann wird man das Osterlied singen und Kerzen
vor der schwarzen Madonna abbrennen.
Durch das Gebet aller Christen im Glauben
wird die Machtgier des Bösen zertreten;
denn Morden, Brennen und Rauben ist
schlechter als . . . beten.
*(Aufbrausen der Orgel – Dunkel.)*

Der holländische Hellseher M a r t i e n v a n B e r g e n sagt für die Zukunft den völlig überraschend kommenden Abbruch der Berliner Mauer voraus. Diese Voraussage steht völlig in Einklang mit einer entsprechenden Prophezeiung von Nostradamus, der zufolge „die große Mauer" verschwindet, wenn der Dritte Weltkrieg unmittelbar bevorsteht.

## „Kampf um die Oberherrschaft des Erdkreises"

Zu den ältesten Voraussagen über einen dritten Weltkrieg gehört die Prophezeiung über die „Weltschlacht am Birkenbaum". In dem ältesten gedruckten Bericht hierüber aus dem Jahre 1701 lesen wir:

„Es wird ein fürchterlicher Krieg entstehen. Auf der einen Seite werden alle Völker des Westens, auf der anderen alle des Ostens stehen. In fürchterlichen Scharen werden jene herankommen. Lange wird man mit unentschiedenem Glück kämpfen, bis man endlich in die Gegend des Rheins kommt. Dort wird man kämpfen drei Tage lang, so daß das Wasser des Rheins rot gefärbt sein wird, bis es bald nachher zur Schlacht am Birkenbaum kommt . . . Da wird es sich nicht um Vaterland und Glauben handeln; man wird sich vereinen, um zu töten, um zu kämpfen wegen der Oberherrschaft des Erdkreises. Mitten in Deutschland werden sie aufeinandertreffen . . . Daselbst werden die Heere Lager schlagen, wie sie der Erdkreis noch nicht gesehen hat . . . Drei Tage werden sie dort kämpfen, bedeckt mit Wunden werden sie sich noch gegenseitig zerfleischen und bis an die Knöchel im Blut waten. Dort wird jene Macht vernichtet, ihre Kraft zerbrochen . . ."

Die Schlacht am Birkenbaum soll bei Budberg beginnen und sich dann bis Unna, Hamm und Werl hinziehen. Nach dem westfälischen Seher Wessel Dietrich Eilert („der alte Jasper", 1764 bis 1883) werden sich dort „die Völker der halben Welt gegenüberstehen; von den Russen werden da nur wenige nach Hause kommen".

Die große Schlacht soll auch bei Bornhöved oder auf der Kropper Heide in Holstein, bei Osterkappeln in Hannover, auf der Wahner Heide im Rheinland, auf dem Sint Pietersvield bei Brügge, am Untersberg bei Salzburg, bei Teck in Schwaben und im Salzburger Land und in Tirol stattfinden. Es dürfte sich dabei wahrscheinlich um Einzelvisionen einer großen Gesamtschau handeln.

Es ist kein Zufall, daß die entscheidende Schlacht des Dritten Weltkrieges auf deutschem Boden mit einem Baum – hauptsächlich mit dem Birkenbaum – in Verbindung gebracht wird. Denn die Geschichte des Menschen hängt eng mit dem Baum zusammen. Der Mensch kann nur dort leben, wo es Bäume gibt. Kahlschläge bringen Not, Elend und Untergang. Selbst die großen Wüstengebiete entstanden teilweise infolge des Verschwindens der Wälder. Neben dem Birkenbaum tritt im Mittelalter aber auch der „dürre Baum" auf. Damit ist das Leidenskreuz Jesu gemeint.

Der französische Schriftsteller Louis Paint schreibt in seinem Buch *Les Prophètes de Marie* (Plon, Paris), daß die Geschichte der Menschheit aufs engste mit dem Baum im Paradies und mit dem Baum des Kreuzes zusammenhänge, und sagt weiter: „Wie der Baum im Garten Eden so ist der Baum von Fatima – in dem die heilige Jungfrau erschien – dicht belaubt. Die allerseligste Jungfrau bevorzugt einen Teil des Pflanzenreiches, weil die Pflanzen als erste im Bereich des Lebens geschaffen wurden."

Nach der Deutung Simrocks ist die dem Weltuntergang vorausgehende Schlacht am Birkenbaum die nach Mitteleuropa übertragene Untergangssage der Edda. Die Weltesche Yggdrasil, die das Weltall trägt, wurde aber nicht nur zum Birkenbaum. Zwischen Nortorf in Holstein und Sankt Agatha in Tirol stehen Linden, Eschen, Lärchen und Birnbäume im Mittelpunkt eines gewaltigen Kriegsgeschehens. In Westfalen erwartet der Volksglaube die Entscheidungsschlacht zwischen den Völkern des Westens und des Ostens auf dem Wüllener Esch bei Wüllen (Kreis Ahaus). Dabei herrscht die Überzeugung vom Sieg des Westens vor.

Aus der Mitte des 19. Jahrhunderts wird auch bei Düren eine „große Schlacht am Birkenbaum" erwartet, die dann stattfinden soll, wenn die Menschen durch die Luft geflogen kommen, die Frauen Hosen tragen und sich die Haare wie eine Perücke ins Gesicht kämmen. Gleichlautende Sagen Schleswigs und der Schweiz sprechen von riesigen Verlusten des Siegers im Endkampf.

„Und doch ist die Weissagung von der Schlacht am Birkenbaum nicht bloßes Wachhalten einer alten Überlieferung. Sie verkündet, was wirklich geschehen wird, was Jahrhunderte hindurch im Schauen einer großen Geisterschlacht in den Lüften immer neu bestätigt und zu fester Gestalt geworden ist.

Aus dem Jahre 1431 berichtet Eberhard Windecke, der Geschichtsschreiber des Kaisers Sigismund, daß man in Westfalen die Vision einer furchtbaren Schlacht zwischen zwei Heeren gesehen habe, die ‚zween Tag und zwo Nacht' gedauert habe."

Es handelt sich hier um die erste geschichtliche überlieferte Notiz über das Gesicht (Hübscher *Die große Weissagung*).

In den nachfolgenden Jahrhunderten sahen „Spökenkieker" immer wieder die Geisterschlacht. Im Jahre 1545 berichtete der Chronist von Lünen, Spormaker, von einer Schlachtenvision auf der Ülzer Heide bei Unna. Ein Schlachtengesicht aus dem 16. Jahrhundert bildete die Grundlage für die älteste gedruckte Nachricht hierüber. Im 18. und 19. Jahrhundert wurden erneut Gesichte wahrgenommen. Am 22. Januar 1854 wurde auf der Schlückinger Höhe ein ungeheurer Heereszug gesehen. Die Schlacht wird am Abend gesehen, meist um die Wintersonnenwende oder während der Heiligen Nächte. Weitere Berichte sind aus dem Jahr 1895 überliefert; und selbst in unseren Tagen sehen Bauern zwischen Werl und Unna die furchtbare Schlacht in den Lüften.

In überlieferten alten Prophezeiungen, deren Urheber in Vergessenheit geraten sind, heißt es:

„Wehe! Wehe! Wo Rhein und Mosel zusammenfließen, wird gegen Türken und Baschkiren (Russen) eine Schlacht geschlagen werden, so blutig, daß der Rhein bis auf fünfundzwanzig Stunden Wegs rot gefärbt sein wird."

Diese Worte der *Prophetischen Sage* über Koblenz erwähnen eine Armee von Türken und Baschkiren, die gemeinsam kämpfen. Diese Tatsache legt die Schlußfolgerung nahe, daß es sich bei den seit ältester Zeit wiederkehrenden Voraussagen über eine große Türkenschlacht am Rhein, mit Schwerpunkten in den Bereichen Köln und Straßburg, um einen Feind aus dem Staatsgebiet der heutigen Sowjetunion handelt.

Andere, seit Jahrhunderten mündlich weitergegebene Prophezeiungen verkünden:

„Ein gewaltiger Völkerzug wird kommen von Osten nach Westen. Die Soldaten werden durch Westfalen nach Holland ziehen, von wo sie geschlagen wieder zurückkommen. Dagegen wird sich erheben der ganze Westen und Süden. Die Heere werden zusammentreffen in der Mitte von Westfalen."

Mehrere alte Überlieferungen, über die Beykirch in seinen *Prophetenstimmen* berichtet, verkünden, daß der aus dem Osten eingedrungene Feind um Mariä Himmelfahrt, also am 15. August, geschlagen werde.

„Die ganze Gegend zwischen Ems, Lippe und Ruhr, vom Rhein bis an die Weser, wird der Schauplatz eines blutigen Kampfes werden, und fast keine Stadt, kein Dorf wird von den Schrecknissen des Krieges verschont bleiben.

Paderborn, Soest, Unna, Hamm, Dortmund, Rittberg, Minden, Münster haben Sagen und Vorgesichte von großen Bränden und blutigen Kämpfen daselbst. Bei Lippstadt, Erwitte und Salzkotten wird eine große Schlacht geschlagen. Unna wird so in Brand geraten, daß die Soldaten um die Stadt herumziehen müssen. Auch über Dortmund ist eine ähnliche alte Sage, den nordöstlichen Stadtteil betreffend, bekannt . . . Der Stadt Iserlohn wurde ein schweres Unglück auf Himmelfahrt vorausgesagt."

Die *Prophezeiung eines Kapuziner-Paters* aus dem Jahre 1762, also etwa aus der Zeit Mühlhiasls, enthält Voraussagen, die denjenigen des Waldpropheten ähneln:

„Wenn die Frauensleute nicht wissen, was sie vor Üppigkeit und Hochmut für Kleider tragen wollen, bald kurz, bald lang, bald eng, bald weit, wenn die Männer auch ihre Trachten ändern und man allgemein die Bärte der Kapuziner trägt, dann wird Gott die Welt züchtigen.

Ein schwerer Krieg wird im Süden entbrennen, sich nach Osten und Norden verbreiten. Wilde Scharen werden Deutschland überschwemmen und bis an den Rhein kommen. Sie werden aus Lust morden, sengen und brennen, so daß die Mütter aus Verzweiflung, weil sie überall den Tod vor Augen sehen, sich mit ihren Säuglingen ins Wasser stürzen werden.

Dann, wenn die Not am größten ist, wird ein Retter kommen von Süden her; er wird die Horden der Feinde schlagen und Deutschland glücklich machen. Dann werden an manchen Orten die Menschen so selten sein, daß man auf einen Baum steigen muß, um Menschen in der Ferne zu sehen ...“

Eine andere Prophezeiung besagt, daß der Rhein um diese Zeit Hochwasser führt.

Spielbernd (gest. 1783):

„Die heilige Stadt Köln wird eine fürchterliche Schlacht sehen. Viel fremdes Volk wird hier gemordet, und Männer und Weiber kämpfen für ihren Glauben ...

Die Fremden haben den schwarzen Tod mit ins Land gebracht. Was das Schwert verschont, wird die Pest fressen.

Das bergische Land wird menschenleer sein und die Äcker herrenlos.“

## „Um Berlin lag eine rote Schlinge“

Die 1774 in einem Bauernhaus zu Flamske bei Coesfeld in Westfalen geborene Augustinernonne Anna Katherina Emmerich war nach Auffassung des Dichters Clemens v. Brentano, der ihre Visionen in fünf Bänden aufzeichnete, die vielleicht größte historische und allegorische Seherin seit dem Altertum. In den 1971 im Paul-Pattloch-Verlag, Aschaffenburg, erschienenen *Visionen* der Seherin findet sich neben anderen großartigen Gesichten die erschreckende Vorschau auf einen Kriegsausbruch, der seinen Anfang nimmt in einem Berlin, das in einer roten Schlinge liegt.

Am 2. September 1822 berichtete Anna Katherina Emmerich dem Dichter von Brentano über folgende von ihr erlebte Vision:

„Ich kam über steile Höhen in einen schwebenden Garten. Da sah ich zwischen Mitternacht und Morgen, wie die Sonne am Horizont, die Gestalt eines Mannes aufsteigen mit langem, bleichem Gesicht. Sein Kopf schien mit einer spitzen Mütze bedeckt. Er war mit Bändern umwickelt und hatte einen Schild auf der Brust, dessen Inschrift ich vergessen.

Er trug ein mit bunten Bändern umwickeltes Schwert und schwebte mit langsamem Taubenflug über der Erde, wickelte die Bänder los, bewegte sein Schwert hin und her und warf die Bänder auf schlafende Städte. Und die Bänder umfingen sie wie Schlingen. Auch fielen Blattern und Beulen von ihm nieder in Rußland, in Italien und Spanien.

Um Berlin lag eine rote Schlinge, von da kam es zu uns. Nun war sein Schwert nackt, blutigrote Bänder hingen vom Griff, es träufelte Blut auf unsere Gegend. Der Flug war Zickzack, die Bänder wie Kaldaunen."

Vom 11. September findet sich dieser ergänzende Bericht:

„Es steigt ein Engel auf zwischen Morgen und Mittag mit einem Schwert, und er hat am Griff des Schwertes wie eine Scheide voll Blut, die er hier und da ausgießt, und er kommt bis hierher, und gießt Blut aus in Münster auf dem Domplatz."

Bereits am 29. September 1820, also zwei Jahre früher, hatte sie in Zusammenhang mit dem Erzengel Michael, dem Schutzpatron der Deutschen und Franzosen, diese Vision:

„Ein Bild sah ich noch von einer ungeheuren Schlacht. Das ganze Feld war voll Dampf; sie schossen überall aus Büschen, die voll Soldaten waren. Der Ort lag niedrig, in der Ferne lagen große Städte. Ich sah den hl. Michael mit einer großen Schar Engel niederkommen und die Streitenden auseinandertreiben. Das wird aber erst geschehen, wenn alles schon verloren scheint. Es wird ein Führer den hl. Michael anrufen, und dann wird der Sieg niederkommen."

Es handelt sich bei den Gesichten vom schwebenden Mann und dem aufsteigenden Engel um eindeutig auf unsere Zeit zugeschnittene Darstellungen. Bis zum Ende des Zweiten Weltkriegs mußte die geschilderte „rote Schlinge um Berlin" völlig unverständlich bleiben. So wie diese Prophezeiung sich erst durch die Ereignisse des Zweiten Weltkriegs zu einem Teil bestätigte, wird die Gesamtschau nur als Ausblick auf den Ausbruch eines anschließenden Krieges begreiflich.

Das bleiche Gesicht der aufsteigenden männlichen Gestalt deutet auf ein tödliches Beginnen hin. Die spitze Mütze ist das Signal für den Angriff. Es ist ein allegorisches Zeichen, das auf älteste Symbolik zurückgeht. Den friedlichen Gegensatz bildet die Mütze mit dem herabhängenden Zipfel, wie sie z. B. in der Karikatur der schlafende „deutsche Michel" trägt. Die spitze Mütze ist aber auch ein Sinnbild der Mongolenvölker, zu denen auch die Turkvölker der südlichen Sowjetunion zu rechnen sind. Diese sollen ältesten Prophezeiungen zufolge, die zum Teil auf Methodius von Byzanz (8. Jahrhundert) zurückgehen, bis Köln vordringen und dort in einer großen Schlacht vernichtet werden.

Die Inschrift auf dem Brustschild, das die Gestalt trug, vergaß die Seherin – gewollt oder ungewollt. Vielleicht war sie vage, unverständlich, schwer zu behalten oder für das Geschehen bedeutungslos.

Die bunten Bänder sind die die wahren Absichten verhüllenden falschen Friedensparolen und Tarnorganisationen, die sich um die vertrauensselig schlafenden Bewohner legen und sie eingewickelt haben, um sie im Augenblick des militärischen Angriffs zu fesseln oder zu erwürgen. Der ruhige Taubenflug, die Bewegung der Friedenstaube, ergänzt das Bild. Die täuschenden bunten Bänder werden von dem Schwert abgewickelt. Die Verschleierung der wahren Absichten ist beendet und wird „über Nacht" abgeworfen. Das nackte Schwert wird sichtbar und bringt das große Blutvergießen. Der Zickzack-Flug deutet sowohl auf die Täuschungsabsicht wie auf ein umfassendes Manöver hin.

Durch die rote Schlinge um Berlin wird das Geschehen ausgelöst. Das auf dem Marktplatz von Münster ausgegossene Blut könnte wiederum ein Hinweis auf die seit ältester Zeit vorausgesagte „Weltschlacht am Birkenbaum" im Raum Westfalen-Köln sein. Die Kaldaunen ähnlichen Behältnisse sprühen „Blattern und Beulen", also Pestseuchen über die schlafenden Länder. Sind damit vielleicht bakteriologische Waffen gemeint? Diese meint wohl auch die Apokalypse. Der nach dem nächtlichen Angriff am nächsten Morgen aufsteigende Engel ist der Kriegsgegner des schwebenden Mannes.

## „Zweimal wird das Böhmerland gesiebt werden!"

Seit mehr als sechshundert Jahren prophezeien Seher aus dem böhmisch-bayerisch-österreichischen Raum den Untergang der „Goldenen Stadt Prag" in Zusammenhang mit beispiellosen Kriegsereignissen, die mit der Invasion östlicher Völker zusammenhängen. In manchen dieser Gesichte wird der Einsatz modernster Waffen geschildert und sogar die genaue Uhrzeit der Katastrophe angegeben.

In den Prophezeiungen des blinden Jünglings von Prag aus dem Jahre 1362 heißt es:

„Ein allgemeiner Einfall der Feinde wird erfolgen. Dabei wird es sich vor allem um den Einbruch asiatischer Horden handeln. Prag wird zerstört werden. Später bekehren die Völker sich wieder zu Gott, und Ruhe und Eintracht kehren zurück."

Diese Prophezeiung aus der Mitte des 14. Jahrhunderts ist vom 17. bis zum 20. Jahrhundert immer wieder von neuem gedruckt worden.

Seit nahezu sechshundert Jahren gehen in Böhmen und Mähren die Voraussagen unter dem Namen des oben zitierten „blinden Jünglings von Prag" um. Hinter dieser Bezeichnung verbirgt sich ein Hirtenknabe, der in der ersten Hälfte des 14. Jahrhunderts lebte. Seine überlieferten Weissagungen bestehen aus achtundzwanzig Sätzen, von denen sich siebenundzwanzig auf unser Jahrhundert beziehen dürften. Im Mittelpunkt der Prophezeiungen stehen die drei Weltkriege und deren Folgen für Böhmen und das benachbarte Deutschland.

Der als „blinder Jüngling von Prag" bekanntgewordene Hellseher war wahrscheinlich der erblindete Bauernsohn Tartar (Tartarsin) aus Kouto bei Taus, der Schafhirte war. Die Prophezeiungen wurden, den Forschungen des deutschen Pfarrers Emanuel

Jungmann zufolge, im Jahre 1491 erstmalig durch Josef Kochan aus Roschmital von Johann Melichar aus Horschov aufgeschrieben.

Wie Pfarrer Jungmann in tschechischen Bibliotheken ermittelte, soll die Weissagung zuerst 1559 in tschechischer Sprache gedruckt worden sein. Ein Exemplar dieses Buches befand sich nachweislich 1602 in der Wiener Hofbibliothek.

Im Jahre 1678 verbot die Kirche die Verbreitung der Prophezeiungen. Viele Exemplare wurden öffentlich verbrannt. Dennoch wurde die Weissagung des blinden Jünglings noch im Jahre 1700 in anonymen Drucken weitergetragen.

Die 1922 von Pfarrer Jungmann veröffentlichte deutsche Ausgabe, die in Lingen (Ems) gedruckt wurde, durfte nicht in die Tschechoslowakei eingeführt werden. In der 1924 erschienenen zweiten Auflage wurden alle den tschechischen Behörden mißfallenden Sätze der Weissagung weggelassen. Diese Ausgabe war also im Grunde wertlos, da infolge der Auslassungen die ursprünglichen Prophezeiungen verstümmelt waren. Erst im Jahre 1972 hat Max Erbstein unter dem Titel *Der blinde Jüngling – eine böhmische Weissagung aus dem 14. Jahrhundert im Spiegel der geschichtlichen Ereignisse,* erschienen im Kammweg-Verlag, Troisdorf, die vollständigen Prophezeiungen veröffentlicht.

Das Geburts- und Todesjahr des blinden Jünglings konnten nicht mehr ermittelt werden. Überlieferten Druckschriften zufolge wurde der Hirte 1356 vor Kaiser Karl IV. gebracht, dem er in der als Traumzustand bezeichneten Trance die wenigen inhaltsschweren Sätze verkündete. Der Kaiser verbot zwar die Verbreitung, aber die Weissagung war bald im ganzen Land bekannt. Das weitere Schicksal des blinden Hirten ist in Dunkel gehüllt.

Der 1972 veröffentlichten Ausgabe haben wir die nachstehend zitierten Prophezeiungen entnommen.

Die 563 Jahre von 1351 bis 1914 umreißt die Weissagung in dem Satz:

„Eine und noch eine und eine halbe Zeit werden über Böhmen fremde Herrscher sein.“

Der nächste Satz weist auf Kaiser Franz Josef I. und seine 68jährige Regierungszeit sowie auf den Ausbruch des Ersten Weltkriegs hin:

„In einer Zeit, da länger denn sechzig Jahre ein Herr über Böhmen regiert, wird durch einen Fürstenmord ein großer Krieg entstehen.“

Die Zeit bis zum Zweiten Weltkrieg wird in folgenden Sätzen umrissen:

„Dann werden die gekrönten Häupter wie reife Äpfel von den Bäumen fallen. Der böhmische Löwe wird nicht mehr untertan sein, sondern selber herrschen. Zwei Völker werden in Böhmen leben. Das Herrschervolk wird dem anderen nach dem Leben trachten und ihm keine Freiheit gönnen. Bis ein Mächtiger kommt. Dann werden die Herren in Prag dem zweiten Volke die Freiheit aus dem Fenster zuwerfen, aber zu spät.

Es kommt abermals ein großer Krieg zwischen allen Völkern der Erde.“

Über den Ausgang des Zweiten Weltkriegs und seine Folgen heißt es:

„Deutschland wird ein großer Trümmerhaufen, und nur die Gebiete der blauen Steine werden verschont bleiben. Der große Krieg wird zu Ende gehen, wenn die Kirschen blühen. So lange die Kirschen reifen, möchte ich kein Deutscher sein. Wenn aber die Kirschen geerntet sind, möchte ich kein Tscheche sein.“

„Zweimal wird das Böhmerland gesiebt werden: das erste Mal bleiben nur soviel Deutsche, wie unter einer Eiche Platz haben. Wieder wird der tschechische Löwe über Böhmen herrschen, aber sein Glanz ist zu Ende. In Böhmen wird nur noch ein Volk leben.

Ein neuer Krieg wird ausbrechen, dieser wird der kürzeste sein. Das Volk in Böhmen wird durch den Krieg vernichtet, und alles im Lande wird verschüttet werden.

Zweimal wird das Böhmerland gesiebt werden: das zweite Mal werden nur soviel Tschechen übrig bleiben, die auf einer Hand

Platz haben. Aber es wird nicht eher Friede in Europa sein, ehe nicht Prag ein Trümmerhaufen ist. Abermals zur Kirschblüte wird Prag vernichtet werden.

Eine Sonne wird stürzen und die Erde beben . . . Die Rache kommt übers große Wasser. Wenn zum zweiten Male die Kirschen reifen, werden die Vertriebenen aus Böhmen traurig wieder zu ihren Herren, ihren Webstühlen und Feldern zurückkehren. Aber nur wenige werden es noch sein . . . Die Bauern werden hinter dem Pflug mit der Peitsche knallen und sagen: Hier hat Prag gestanden. Über die Welt wird ein neues Zeitalter kommen, das man das goldene nennt."

Der Prophezeiung zufolge wird der Dritte Weltkrieg kürzer als die vorangehenden Weltkriege sein. Die Vernichtung Prags ist auch von anderen Sehern vorausgesagt worden, zum Beispiel von Michael Tölk aus Braunau (um 1750) und der Seherin von Prag (17. Jahrhundert). Sie sprach von einem „Feuerball". Der stürzende Sonnenball wird wohl die Atomsonne sein. Auf die Prophezeiungen der Seherin von Prag werden wir noch ausführlich zurückkommen.

## Der Untergang der Goldenen Stadt

Bereits in der Zeit König Wenzels I. (1230 bis 1253), also rund hundert Jahre vor der Lebzeit des „blinden Jünglings", hatte die Nonne Ludmilla in einem Prager Kloster erstaunliche Visionen. Sie sagte die vollständige Zerstörung Prags für eine Zeit voraus, in der es einen selbständigen tschechischen und polnischen Staat geben werde.

Und über eine gleichfalls sehr alte Prophezeiung berichtet Hübscher in seinem Buch *Die große Weissagung:*

„Wir finden in Eberhard Windeckes Buch vom Kaiser Sigismund, im Anschluß an Prophetien und Visionen Hildegards, Anselms und anderer, die auf Gregor XII. (1406 bis 1415) und Johann XXIII.

(1410 bis 1415) bezogenen Vaticinien 18 und 20 und das Vaticinium 23 ‚Heu heu misera civitas!‘ (Wehe wehe, du arme Stadt) als eine ‚Weissagung von der Stadt Prag‘.“

Das tschechische Volksbuch *Die Prophezeiung der Sibylle Michalda* (1616) ist auch noch im 20. Jahrhundert bei den Tschechen bekannt und beliebt. Darin ist gleichfalls die Rede von der kommenden Zerstörung Prags.

Die Goldene Stadt wurde in ihrer bisherigen Geschichte noch niemals zerstört. Wie dieser Untergang der Hauptstadt der Tschechoslowakei sich in Zukunft erfüllen könnte, schildert eine dramatische Vision der Seherin von Prag aus dem 17. Jahrhundert. In dieser Prophezeiung der Tochter eines verarmten böhmischen Grafen, die ein sehr hohes Alter erreichte, heißt es:

„Am Tage der heiligen Veronika (4. Februar) wird die Menschheit einen Schrei der Angst und des Schauerns ausstoßen.

Gewalt wird der Erde angetan.

Gott wird furchtbares Gericht halten. Ein Nichts waren alle Leiden der vergangenen Zeiten gegenüber diesen Schlägen des Schicksals . . .

In dem Jahre, in welchem zwei Fünfen der Neunzehn gegenüberstehen, naht das Ende Prags. Die Glocken werden die zehnte Nachtstunde anzeigen. Ein furchtbarer Sturm braust über das Land. Rauch von Schwefel nimmt den Menschen und dem Vieh den Atem. Dann wird der Hradschin in Flammen stehen, und die Mauern werden bersten. Alles versinkt in schwarze Tiefe.

Vom Vysehrad kommt ein Feuerball, die Felsen fliegen durch die Luft, und es wird überall Geschrei und ein Feuermeer sein. Langsam verziehen sich die Wolken. Es ist vorbei und das Schicksal Prags hat sich erfüllt.“

Der eine Fünferstaat könnte Rußland mit seinen Satelliten, der andere das von fünf Hauptströmen durchzogene Nordamerika sein. In den Machtkampf zwischen den beiden Supermächten könnten neunzehn europäische Staaten verwickelt sein.

Die „Seherin von Prag" hat vor dreihundert Jahren auch das Erscheinen Hitlers angekündigt:

„Bei den Nachbarn über dem Gebirge redet ein Mann, dessen Wappen ein seltsames Kreuz trägt. Allen verspricht er Ruhm und Ehre. Er verbindet sich mit dem Beilträger der Ewigen Stadt, der ihm aber kein Glück bringen wird. Seine Söldner mit eisernen Häusern, die auf Kufen laufen, kommen auch nach Prag. Das Volk sinnt auf Rache. Der Kreuzträger aber schaut vom Hradschin auf die Welt. Er gibt den Befehl, und seine Söldner ziehen tausend Meilen nach Norden und Süden, Osten und Westen.

Kein Ende will der Krieg nehmen, und vom Himmel fallen Pech und Schwefel. Große Städte gehen in Flammen auf. Aber der Kreuzträger findet ein Ende, und niemand weiß, wo er gefallen ist."

Der Beilträger war zweifellos Mussolini. Die Häuser auf Kufen waren die deutschen Panzerwagen. Von der Zerstörung Prags in diesem Krieg, dem Zweiten Weltkrieg, ist in der Prophezeiung keine Rede.

Die von dem berühmten französischen Seher Nostradamus im 16. Jahrhundert für unsere Zeit vorausgesagte „Staubregenwaffe" wird von Alois Irlmaier (gest. 1959) als Mittel zur Vernichtung Prags bezeichnet.

Irlmaier sagte: „Der Panzerangriff in drei Stoßkeilen aus dem Osten wird durch einen Luftangriff zum Stehen gebracht. Es regnet einen gelben Staub in einer Linie von Prag bis zur Stadt an der Bucht. Die Goldene Stadt wird als erste vernichtet, denn dort setzt der tödliche Staubregen ein. Der Wind treibt die Todeswolken nach Osten ab."

Der „Staubregen" dürfte eine heute noch unbekannte amerikanische Geheimwaffe sein, die den Prophezeiungen zufolge schon bald zu Beginn des Dritten Weltkrieges eingesetzt wird.

Eine Vorstellung über die Stärke der in der Tschechoslowakei stationierten Streitkräfte gibt ein Pressebericht:

„Die Sowjetunion hat in der Tschechoslowakei und in der DDR mehr Panzer stationiert, als das gesamte westliche Bündnis in Zentraleuropa überhaupt besitzt.

Besorgniserregende Schwerpunkte sind sechs sowjetische Divisionen, die – besser ausgebildet und ausgerüstet als vergleichbare westliche Truppen – seit 1968 in der Tschechoslowakei und damit an der Grenze zur Bundesrepublik aufgebaut sind." (Rheinische Post, 30. April 1973.)

## Angriff zwischen Italien und Skandinavien

Der Angriff aus dem Osten wird den Voraussagen zufolge auf breiter Front zwischen Nordskandinavien, Deutschland und Norditalien erfolgen. Im hohen Norden ist von Archangelsk aus über das Nordkap ein sowjetischer Vorstoß zu erwarten (Gesicht des norwegischen Eismeerfischers Johansson).

In Deutschland – „verraten und überfallen" – ziehen drei Heereszüge nach Westen: „Der unterste Heerwurm kommt von Böhmen durch den Bayerischen Wald, zieht sich dann aber nordwestlich der Donau, um mit den beiden anderen Heeressäulen dem Rhein zuzustreben. Es geht sehr rasch. Von der Donau bis zur Küste herrscht das Grauen." (Irlmaier, nach Hübscher.)

„Über die Donau geht der Feind nicht, sondern biegt nach Nordwesten ab. Sein Hauptquartier ist im Naabtal in der Oberpfalz. Der zweite Stoßkeil geht von Sachsen in gerader Linie nach Westen, der dritte von Nordosten nach Südosten. Tag und Nacht rennen die Russen unaufhaltsam, ihr Ziel ist das Ruhrgebiet." (Nach P. Norbert Backmund *Hellseher schauen in die Zukunft.)*

„Durch Ungarn, Österreich, Norditalien und die Schweiz wird die rote Sturmflut gegen Frankreich rollen" (Johansson).

Ähnlich hat dies auch Mühlhiasl, der bayerische Waldprophet, angekündigt:

„Der erste Heerwurm geht vom blauen Wasser (Donau) nordwestlich bis an die Schweizer Grenz. Bis Regensburg steht keine Brücke mehr über die Donau. Südlich vom blauen Wasser bleiben sie weg.

Der zweite Stoß kommt über Sachsen gegen das Ruhrgebiet zu, genau wie auch der dritte Wurm, der von Nordosten westwärts geht über Berlin.

Das Alpenland wird von Norden und Süden ein wenig hineingezogen, aber im Osten des Landes ist Ruhe."

Mühlhiasl hat – wie wir uns erinnern – den plötzlichen Überfall der „Roten" oder „Rotjankerl" aus Böhmen auf Niederbayern ausführlich geschildert und die Zerstörung fast aller Städte Niederbayerns, die Verwüstung der Kirchen, Klöster und Friedhöfe und die Ermordung aller Geistlichen prophezeit.

Unmittelbar vor Ausbruch des Dritten Weltkriegs „werden Franzosen gegen Franzosen, Italiener gegen Italiener kämpfen . . . Man wird sich gegenseitig hinmetzeln, selbst in den Häusern. Paris brennt, und Marseille geht in Flammen auf." (Prophezeiung der Melanie Matthieu von La Salette nach Alfons Rosenbergs *Sibylle und Prophetin.)*

Am 14. Dezember 1907 sah Johansson die ganze Geschichte unseres Jahrhunderts vor seinem geistigen Auge abrollen. Christus erschien ihm und offenbarte ihm, was in der Zukunft geschehen würde. Die kommenden Kriege und Katastrophen erblickte er in einer Reihe mit den Jahreszahlen. Aus der Fülle der Gesichte konnte er sich nicht alles merken, obwohl er es gleich zu Papier brachte.

Er sah den bevorstehenden Balkankrieg (1911/13), den Untergang der „Titanic" (1912), den Ersten Weltkrieg.

Er sah die russische Revolution und die Niederlage Deutschlands, den Zweiten und den Dritten Weltkrieg.

Seinen Gesichten zufolge werden die USA ab 1907 insgesamt fünf Kriege führen. Davon fanden vier bereits statt: der Erste und

Zweite Weltkrieg, der Koreakrieg, der Vietnamkrieg; ein weiterer Krieg – wahrscheinlich der Dritte Weltkrieg – steht für Amerika noch aus.

## Visionen des Fortschritts und des Schreckens

Manche Prophezeiungen der Seherin von Prag sind von verblüffender Aktualität. (Ihre Voraussagen sind Marcus Varenas *Gesammelten Prophezeiungen,* Verlag Hermann Bauer, Freiburg, entnommen.)

„Die Menschheit ist vermessen. Sie wollen Gott übertrumpfen.

Grausamen Herzens säen sie einen Pilz, dessen Samen sie vom Himmel auf die Erde werfen.

Groß wird die Furcht und reicht bis zu den Wolken, und der Pilz überschattet weites Land.

Aber der Pilz ist giftig, und Tausende sterben einen qualvollen Tod."

Mit diesen Worten werden zweifellos der Atompilz und seine schreckliche Wirkung geschildert. Aber auch die Weltraumraketen und Erdsatelliten hat die Prager Seherin genau beschrieben, so wie das im 17. Jahrhundert möglich war:

„Sie bauen einen Turm aus Stahl und Wasser und glauben damit den Himmel zu erobern. Die Menschen werden ob ihrer Vermessenheit schwer zu büßen haben."

„Eine Kugel, getrieben vom Wasser, rollt über die Erde. Sie könnte Segen bringen, doch bringt sie nur Not."

Mit dem Wasser ist wohl flüssiger Raketentreibstoff gemeint.

Die Seherin hat auch die Gefahr aus dem Osten und die Atompest in eindringlichen Worten geschildert:

„Noch dauert deine Herrschaft, mein geliebtes Prag, aber auch dir schlägt einst die Stunde.

Aus dem Osten wird ein Drachen kommen, schrecklich anzusehen.

Denn aus seinen neunmal neunundneunzig Augen werden tödliche Blitze sprühen, und seinem weit geöffneten Maule entströmt giftiger Odem."

„Wo sind deine Häuser, stolze Stadt? Warum spülen trübe Fluten die Gestade oder Heide?

Grausig Gewürm läßt Leib und Geist erschauern. Unkraut und Sumpf, voll giftigen Odems, beherrscht die Landschaft.

Ist das die Ernte der menschlichen Saat?"

Mit dem Drachen dürften wahrscheinlich hintereinander über die Straßen rollende Abertausende von Panzern gemeint sein, die den Eindruck eines gegliederten und gemusterten Reptilienleibes erwecken könnten.

Nach der Schilderung des Untergangs der Goldenen Stadt durch einen Feuerball (Atomwaffe) prophezeit die Seherin den Wiederaufbau der geliebten Stadt in einer fernen Zukunft:

„Neue Religionen werden sie ersinnen, und dort, wo heute die Statue des heiligen Wenzel steht, wird ein hoher Turm einen neuen Tempel krönen. Prächtig wird dieser Tempel sein, aus Gold und Silber erbaut."

Ähnlich wie der Mühlhiasl und seine Zeitgenossen sah die rund hundertfünfzig Jahre früher lebende Seherin auch viele Errungenschaften des 20. Jahrhunderts in ihren Visionen.

Das Fernsehen wird vorweggenommen mit dem folgenden Gesicht:

„Auf einer großen weißen Fläche, entsprungen einem kleinen Kasten, sieht man Mensch und Tier, Berg und Tal. Liebliche Musik begleitet die Bilder, und die Menschen freuen sich herzlich."

Aber auch die Plutoniumstäbe für Atommeiler wurden bereits vor dreihundert Jahren beschrieben:

„Stäbe werden sie in den Händen halten, die Nutzen und Freude, gewandelt aber auch Tod und Verderben spielen können."

Die Gesichte über die Zerstörung Prags sind jedoch älter als jene der Seherin aus dem 17. Jahrhundert und reichen auch noch tiefer in die Vergangenheit zurück als die Prophezeiungen des „blinden Jünglings", der in der ersten Hälfte des 14. Jahrhunderts lebte und von dem wir über den Dritten Weltkrieg bereits gehört haben: „Zweimal wird das Böhmerland gesiebt werden . . ."

In seinem Doppelband *Voix Prophétiques* (Prophetische Stimmen) hat der französische Abbé Curicque aus Metz im Jahre 1872 einen gewaltigen Konflikt zwischen Ost und West für die Jahre 1980 bis 1985 vorausgesagt. Dort heißt es wörtlich:

„Ein gewaltiger Kampf wird ausbrechen. Die Feinde kommen wie eine Flut aus dem Osten. Am Abend rufen sie noch: ‚Friede! Friede!', aber am nächsten Morgen stehen sie bereits vor unserer Tür.

In dem Jahr, in dem dieses mächtige kriegerische Ringen sich abspielt, wird der Frühling so zeitig und schön ausbrechen, daß die Kühe im April im üppigen Gras der Wiesen waten. Der Weizen kann noch geerntet werden, der Hafer jedoch nicht mehr.

Der Konflikt, in dem eine Hälfte der Welt gegen die andere kämpft, wird nicht lange dauern; denn Gott wird die Kriegführenden erschrecken, indem er eine schreckliche Naturkatastrophe auslöst."

Bereits im Jahre 1550 hatte der französische Arzt und Kanonikus Richard Roussat in Langres nach Nennung der Daten 1789 (französische Revolution) und 1815 (Niederlage Frankreichs bei Waterloo) ebenfalls das Jahr 1980 als einen Wendepunkt in der Geschichte Frankreichs und Europas bezeichnet.

Die Prophezeiungen der französischen Seher unter Einschluß von Nostradamus erlauben den Schluß, daß auch Frankreich von den Ereignissen eines Dritten Weltkrieges sogleich und unmittelbar in Mitleidenschaft gezogen wird.

Ein bedeutender Hellseher und Astrologe schrieb hierzu 1945: „Der Wassermann ist das Zeichen der Republik der Sowjets und steht in Opposition zum Zeichen des Löwen, das Frankreich zugeordnet ist. Das bedeutet, daß eine bedeutende, vom Osten ausgehende Bewegung den Westen zwingen wird, sich zu erneuern oder zu sterben. In dem Umfang, in dem die kollektive Masse ihre Eliten hervorbringt und sie überflügelt, um immer neue und stärkere zu erzeugen, wird die Erde eine Beute der furchtbarsten Katastrophen . . .“

# 12. Voraussagen über den Verlauf des Dritten Weltkriegs

*Der Weltbrand · Kriegs- und Naturkatastrophen · Sonnenfinsternis, Explosionen auf der Sonne, Schweifsterne über der ermatteten Welt*

## Gelber Dunst über Europa

Nach dem blitzartigen Vordringen der drei Stoßkeile des Ostens in dem Gebiet zwischen dem Nordkap und der Po-Ebene wird weltweit der apokalyptische Schrecken entfesselt. Während die Armeen in Skandinavien, Deutschland und Italien erfolgreich vorankommen, steigen aus den Wüstengebieten im Süden Kampfflugzeuge auf. Zwei Geschwader erreichen das Kampfgebiet von Westen und Südwesten. Das feindliche Hauptquartier wird durch ein abgeworfenes „schwarzes Kästchen" vernichtet. Die Kampfgeschwader wenden sich dann nach Norden und schneiden den dritten Heereszug ab.

Weiter heißt es bei Alois Irlmaier (nach Hübscher): „Von Osten her wimmelt es an der Erde von Raupen. Aber die Leute in den Raupen sind schon alle tot, obwohl die Fahrzeuge weiterfahren, um dann allmählich von selbst stehenzubleiben. Auch hier werfen die Flieger ihre kleinen ‚schwarzen Kästchen' ab. Diese explodieren, kurz bevor sie den Boden berühren, und verbreiten einen gelben und grünen Rauch oder Staub. Was daruntergkommt, ist hin, ob Mensch, Tier oder Pflanze. Ein Jahr lang darf kein Lebewesen dieses Gebiet mehr betreten, ohne sich größter Lebensgefahr auszusetzen. Am Rhein wird der Angriff endgültig abgeschlagen. (Entscheidungsschlachten bei Köln und in Westfalen.)

Von den drei Heereszügen wird kein Soldat mehr nach Hause kommen."

P. Backmund gibt noch folgende Aussagen Irlmaiers wieder: „Aber dann sehe ich Schwärme von Flugzeugen von Süden her kommen, und es regnet auf einmal ganz gelb vom Himmel herunter . . . Welche Jahreszeit es ist? Trüb, regnerisch und Schnee durcheinander, vielleicht Tauwetter, auf den Bergen ist Schnee. Gelb schaut er her . . . Eine klare Nacht wird sein, wenn sie zu werfen beginnen . . . Ich sehe einen langen Streifen von Süden nach Norden. Von Böhmen bis an die Ostsee. Wer darübergehen will, stirbt."

Dem einfachen Brunnenbauer Alois Irlmaier dürften kaum ältere Prophezeiungen bekanntgewesen sein, denen zufolge sich eine „gelbe Wolke" über ganz Europa ausbreitet.

Die Weissagung von P. Johannides sieht in Zusammenhang mit einem schrecklichen Kriegsgeschehen einen „gelben Nebel", der von Osten aufsteigt und sich „bis an den großen reißenden Strom" ausdehnt. Gleichzeitig wird sengend und mordend eine gewaltige Schar durch das Land ziehen und alles vernichten.

Auch in den Visionen der Gräfin Franziska Maria Beliante kehrt der „gelbe Dunst", der ganz Europa einhüllt, wieder: „Alle, die diesen Dunst atmen, werden sterben, die Häuser und Kirchen werden brennen, und das Vieh auf den Weiden wird in diesem Dunst sterben."

## Angriffe auf Indien und Kanada

Während die Streitkräfte des Ostens auf breiter Front nach Westeuropa eindringen, brechen Anton Johansson zufolge Kämpfe in der Mongolei aus, und die Volksrepublik China erobert Indien. Brennpunkt der Kämpfe ist nach den Gesichten des norwegischen Eismeerfischers das Gebiet um Delhi. Peking setzt bei diesen Kämpfen seine bakteriologischen Waffen ein. Dadurch finden auf dem indischen Subkontinent fünfundzwanzig Millionen Menschen den Tod. Neuartige, bisher unbekannte Seuchen treten auf.

Im Vorderen Orient erobern die Sowjets den Iran und die Türkei. Auch der gesamte Balkan wird von östlichen Truppen besetzt.

Die Sowjetunion wird eine militärische Invasion Kanadas beginnen, um Streitkräfte der USA zu binden und am Einsatz in Europa zu hindern.

Entsprechend der Schau des Norwegers Johansson sah A l o i s I r l m a i e r den Einbruch „gelber Menschen" nach Kanada und selbst in die USA. Doch werden die Angriffsarmeen zurückgeschlagen. Die Angriffsspitzen bilden wahrscheinlich hier wie in Europa die Soldaten der asiatischen Völkerschaften der Sowjetunion, da diese als unzuverlässig gelten.

Neue sowjetische Waffen, die auch von Kuba und von U-Booten aus eingesetzt werden, zerstören die größten Städte Amerikas. Ein Orkan unvorstellbarer Stärke, der alles verwüstet, zieht zunächst nach Norden, dann nach Nordosten über die USA nach Europa. Dabei werden vor allem die Mittelmeerländer verheert. In den USA brechen danach zwei Bürgerkriege aus und zersprengen das Land in vier bis fünf verschiedene staatliche Gebilde. Diesem Krieg fällt ein Viertel der gesamten Menschheit zum Opfer.

Alois Irlmaier sah ein einziges, aus dem Osten kommendes Flugzeug, das „einen Gegenstand" ins große Wasser wirft. „Da hebt sich das Wasser wie ein einziges Stück turmhoch und fällt wieder herunter. Alles wird überschwemmt. Es gibt ein Erdbeben."

Die Inseln vor der Küste gehen unter, weil sich große Löcher im Meer bilden, die sich mit zurückfallenden riesigen Wogen wieder schließen.

„Drei Städte seh ich versinken gegen Süden, gegen Nordwesten und gegen Westen.

Die schöne Stadt am blauen Wasser versinkt fast ganz im Meer und im Schmutz und Sand, den das Meer auswirft."

Südengland versinkt anschließend ins Meer. Auch London geht im Wasser zugrunde. (Johansson sah infolge der Sturmflut überdies auch einen Teil von Schottland untergehen.) Alle Länder um die Nordsee haben unter Überflutungen zu leiden.

„Die Länder an der Nordsee sind bis Belgien herunter vom Wasser schwer gefährdet. Das Meer ist sehr unruhig, haushoch gehen die Wellen, schäumen tut es, als ob es kochte. Inseln verschwinden, und das Klima ändert sich.

Ein Teil Englands verschwindet, wenn ‚das Ding' ins Meer fällt, das der Flieger hineinschmeißt. Dann hebt sich das Wasser wie ein festes Stück und fällt wieder zurück." (Nach P. Norbert Backmund *Hellseher schauen die Zukunft.)*

Nach der Vision Alois Irlmaiers sind auch die ost-, west- und nordfriesischen Inseln gefährdet. Das Tiefland, besonders Dänemarks, Deutschlands, Hollands und Belgiens, ist von schwerer Überflutung bedroht.

Viele Städte dieser Gebiete werden durch das Wasser zerstört. Der Ostblock wird in England eine Revolution hervorrufen. Gleichzeitig verschärft sich der Aufstand in Irland, und es kommt zu einer blutigen Erhebung in Südwales.

## Kriegs- und Naturkatastrophen

Bereits der legendäre Wahrsager, Dichter und „Zauberer" Merlin, der Sohn eines römischen Prokonsuls und einer britischen Königstochter und Nonne, sah um 600 Unheil für die Angelsachsen voraus:

Die nationale Auferstehung der Kelten wird in blutigen Kämpfen erreicht. Die Angelsachsen und Normannen werden in ferner Zukunft vernichtend geschlagen. Die stammverwandte Bretagne

(Nordwestfrankreich) wird militärische Hilfe leisten. Die großen Ströme der britischen Inseln röten sich vom Blut der Erschlagenen. Durch den Sieg der Briten, der Kymry, wird die Krone des Brut, des legendären ersten Königs von Britannien, wiederhergestellt. Der Name England wird untergehen und das Reich wieder Britannien genannt.

Diese Ereignisse werden kurz vor der Endzeit eintreten. Naturgewalten brechen auf, der gesamte planetarische Tierkreis und die Sterne des Himmels setzen sich in Bewegung. Schreckliche Katastrophen suchen die Erde und das Weltall heim.

Aus der Prophetie von der Wiederaufrichtung des alten britischen Reiches schöpften die Waliser jahrhundertelang die Kraft zu immer neuen Aufständen gegen England.

Im 19. Jahrhundert weissagte der Mönch Hilarion vom Berg Jasna Gora: „Das große Reich im Meer (England) . . . wird durch Erdbeben, Sturm- und Wasserflut verwüstet werden . . . Es wird in zwei Inseln geteilt werden und dabei zum großen Teil untergehen.“

Die Stadt Marseille wird nach Alois Irlmaier kirchturmhoch unter Wasser stehen, während Paris durch einen kommunistischen Aufstand zuerst in Brand gesteckt und dann dem Erdboden gleichgemacht wird.

Das furchtbare Schicksal der französischen Hauptstadt kehrt seit Jahrhunderten in den Prophezeiungen wieder. Pfarrer Vianney von Ars (1786 bis 1859): „Paris wird geschleift und verbrannt werden, aber doch nicht gänzlich.“

Der Hellseher Kugelbeer (Vorarlberg) schließt die Schilderung seiner Vision von der großen Zukunftsschlacht in den Rheinlanden mit den Worten: „Brand von Paris; Marseille wird in der Finsternis von einer Meeresflut in einen tiefen Graben, der sich um die Stadt gebildet hat, geschwemmt.“

Auch die berühmte französische Hellseherin Marie Anne Lenormand hat die Zerstörung von Paris visionär erlebt:

„Der Vater wird zum Sohn sagen: Hier stand Paris. Der Pariser selbst wird mit der Wut der Verzweiflung und erfüllt von der Lehre der Moskowiter die Anstrengungen unterstützen, mit denen ‚der Barbar die Königin der Stadt' vernichten will . . ."

„Selbst der Palast unserer Könige wird die Erde mit seinen Ruinen bedecken. Der Tempel der erhabenen Beschützerin der Hauptstadt wird in Staub zerfallen. Ganz Paris wird nunmehr eine einzige Brandstätte sein."

M e l a n i e  M a t t h i e u von La Salette prophezeite in diesem Zusammenhang:

„Das heidnische Rom wird verschwinden. Paris wird niedergebrannt, Marseille verschlungen."

M a x i m i n  v o n  L a  S a l e t t e ergänzt diese Aussage: Die Stadt wird nicht vom äußeren Feind zerstört, sondern vom „eigenen Gesindel" niedergebrannt . . .

D o n  B o s c o prophezeite Ende des 19. Jahrhunderts über Paris:

„Von der Ferne werden deine Feinde sehen, wie deine Paläste in Flammen aufgehen, wie deine Wohnstätten Ruinenhaufen werden, getränkt mit dem Blut deiner Helden, die nicht mehr sind."

Die ekstatische Jungfrau E l i s a b e t h  E p p i n g e r aus Niederbronn, die als „Mater Alphonsa" bekannt wurde und 1867 starb, hat 1847/49 zwei Voraussagen über Rom und Paris hinterlassen: „Rom wird das Blut der Priester sehen; Paris wird in Flammen stehen."

Aber erstaunlicher ist, daß bereits fünfhundert Jahre früher die heilige B i r g i t t a  v o n  S c h w e d e n (gest. 1373), eine der berühmtesten europäischen Seherinnen, prophezeite:

„Rom wird durch Feuer und Schwert zerstört. Der Einsturz der Kirche steht bevor. Die Mauern haben Risse, die Säulen beugen sich zur Erde, der Fußboden hat große Löcher."

Der Landkrieg in Europa wird sich wahrscheinlich in Spanien entscheiden. In diese Kämpfe dürfte auch Portugal mit hineingezogen werden.

## Katastrophen und Himmelszeichen

In der Prophezeiung der Melanie Matthieu von La Salette aus dem Jahre 1846 heißt es:

„Die Natur wird Rache verlangen für den Menschen, und sie bebt in Erwartung dessen, was über die mit Verbrechen besudelte Erde kommen soll . . . Die Jahreszeiten werden sich ändern, die Erde wird nur noch schlechte Früchte hervorbringen. Die Sterne werden ihre regelmäßigen Bahnen verlassen, der Mond wird nur noch ein schwaches rötliches Leuchten aufweisen. Wasser und Feuer werden den Erdglobus in zuckende Bewegungen und Erdbeben versetzen. Berge und Städte werden in Flammen erglühen . . .

Nach der Geburt des Antichrists verändern sich die Jahreszeiten, und die Gestirne ändern ihren Lauf . . . Die Zeit ist gekommen, wo sich die erstaunlichsten Wunder auf der Erde und in der Luft ereignen werden . . . Die Dämonen der Luft werden mit den Antichristen zusammen große Wunder auf der Erde und in der Luft vollbringen, und die Menschen werden mehr und mehr pervertiert werden . . . Feuer wird vom Himmel herabfallen und drei Städte zerstören.“

Justinus Kerner schrieb 1851 in *Magikon:*

„Die Besitzenden werden von den Besitzlosen zuerst besiegt. Eine Schreckensregierung wird eintreten. Die Häupter werden aus der Dunkelheit hervortreten und wie Gespenster auftauchen. O Blut, Blut! Man wird in Blut schwimmen. Und dann kommt der junge Fürst.“

Ähnliche Prophezeiungen über Erdbeben, Vulkanausbrüche, Himmelszeichen und mysteriösen Staubfall haben auch zeitgenössische Hellseher wie Alois Irlmaier gemacht. In diesem Zusammenhang wurden und werden auch Zeichen aller Art und das Auftreten von „Dämonen“ auf der Erde und in der Luft immer wieder verkündet.

Schon der Spielbernd (gest. 1783) weissagte: „An der Luft und an der Erde wird man Zeichen sehen und nicht sehen wollen.“ Und ferner: „Sie werden Gottes spotten, weil sie allmächtig zu sein wähnen. Von wegen der Wagen, so durch alle Welt laufen, ohne von lebendigen Geschöpfen gezogen zu werden, also daß man die Wegstrecken nach der Vögel Flug ausrechnet. Das ist der Stolz der Erde, daß sie über die Zeichen lachen, so ihnen der Himmel gibt.“

Der Mühlhiasl sagte hinsichtlich des Dritten Weltkriegs um 1800: „Ein Himmelszeichen wird es geben!“ Anton Johansson kündigte für das Jahr des Kriegsausbruchs im Frühjahr oder im Herbst einen Orkan an.

Die Clarissin von Fougêres, Schwester Nativitas, prophezeite:

„In der Zeit der Geburt des Antichrists wird es gewaltige Kriege, Greuel und Leid geben. Die Berge spalten sich und bersten unter schrecklichem Getöse, aus der Erde brechen Feuerflammen, Rauch und Schwefeldämpfe und verwandeln ganze Städte in Rauch und Asche.“

Alois Irlmaier sagte an übernatürlichen, unerklärlichen Zeichen für den Dritten Weltkrieg voraus:

„Bei diesem Geschehen (Vorstoß und Vernichtung der östlichen Stoßkeile) sehe ich ein großes Kreuz am Himmel stehen, und ein Erdbeben wird unter Blitz und Donner sein, daß alles erschrickt und die ganze Welt aufschreit: ‚Es gibt einen Gott!‘ “

„Am Rhein sehe ich einen Halbmond, der alles verschlingen will. Die Hörner der Sichel wollen sich schließen. Was das bedeutet, weiß ich nicht.“

## Die Erde im Strahlenring

Über die in der Bibel und bei mehreren Hellsehern erwähnte dreitägige Finsternis zu Anfang eines Dritten Weltkrieges schreibt P. O. Hesse in seinem Werk *Der jüngste Tag* (Arve-Verlag, Winden i. Th.):

„Befindet sich unsere Erde zur Zeit des Ereignisses hinter der Sonne, so daß diese in der Richtung des Umlaufes zuerst in den Strahlring eintritt, so wäre im ungünstigsten Fall unter Berücksichtigung der Bewegungsgeschwindigkeit des Sonnensystems (29 Kilometer in der Sekunde) mit einer hundertzehnstündigen Finsternis zu rechnen, bis die Erde selbst in diesen Strahlzustand (d. h. den Eintritt des Sonnensystems in die Strahlzone des Leuchtrings der Zentralsonne) gelangt.

Gewissermaßen taumelt die Erde in den neuen Zustand hinein, was seherisch von prophetischen Verkündigungen sehr überzeugend mitgeteilt wurde. Astrophysikalisch werden nämlich durch Abnahme des Lichtdruckes die Gleichgewichtskräfte verändert, wodurch die Polachse der Erde ihre Lage verschiebt. Dies aber genügt bereits, um das künftige geographische Bild unserer Erde vollständig umzugestalten . . .“

Die für die letzte Kriegsperiode geweissagten Zeichen am Himmel bringt Hesse mit dieser Himmelsmechanik in Zusammenhang, wenn er schreibt:

„Planeten, die in der Zielrichtung des Sonnenumlaufs *vor* dieser in die Lichtzone des Universums eindringen, werden gleich riesengroßen Feuerbällen aufleuchten, so daß es nach den prophetischen Angaben tatsächlich den Anschein haben mag, als fielen die Sterne vom Himmel.

Auf die hierauf nicht vorbereitete Menschheit wird ein derartiges Ereignis sehr schreckhaft wirken, da es den Eindruck hervorruft, als würde ein Weltkörper verbrennen . . .“

Als ein himmlisches Zeichen ist auch die merkwürdige Gestirnskonstellation während der Sonnenfinsternis am 11. August 1999 aufzufassen. Denn an diesem Tag ergibt sich die einmalige Erscheinung, daß Sonne, Saturn, Uranus und Mars gegenseitige Quadraten bilden und in Kreuzform am Himmel stehen werden.

## Im Banne der Sonnenfinsternis bis 1999

Seit alter Zeit wird besonders den Sonnenfinsternissen starker Einfluß auf wichtige Weltereignisse beigemessen. Bei der Geburt der drei bedeutenden Religionsstifter der Menschheit, Buddha, Jesus Christus und Mohammed, spielten Sonnenfinsternisse eine Rolle.

Aber auch Marienerscheinungen stehen in einem mystischen Zusammenhang mit der Verfinsterung der Sonne.

Die Sonnenfinsternis vom 15. März 1858 kulminierte mit einem Grad Unterschied für die Stadt Lourdes.

Die Finsternis für Fatima im Jahre 1917 fand kurz vor dem Mittsommertag statt. Die Erforschung des Einflusses der Sonnen- und Mondfinsternisse steckt noch in den Anfängen und ist eine Aufgabe für die Wissenschaft der Zukunft.

Die Astronomen bringen der Beobachtung der Sonnenfinsternisse bereits ein ständig steigendes Interesse entgegen. Als Beweis dafür gilt die Sonnenfinsternis vom 30. Juni 1973, die zeitlich ausgedehnteste des 20. Jahrhunderts. Sie war am wolkenlosen Himmel deutlich, aber in einer nur einige hundert Meter breiten Zone in der Sahara für die Dauer von sieben Minuten zu beobachten. Zu diesem Zweck reiste der Leiter des Planetariums der Sternwarte Bochum in Begleitung von zwei Amateur-Astronomen in die Gegend von Agades.

Die Finsternis vom 30. Juni 1973 wurde von Astrologen ihrer Bedeutung nach als „verheerend“ bezeichnet und mit einem Dritten Weltkrieg oder einem damit zusammenhängenden Ereignis in Verbindung gebracht.

Da die ringförmige Sonnenfinsternis seit langem als für das Weltgeschehen und das Schicksal der Völker besonders gefährlich betrachtet wird, maßen manche Sachkenner der ringförmigen Sonnenfinsternis vom Heiligen Abend, also dem 24. Dezember 1973, eine besonders katastrophale Bedeutung für die darauffolgende Zeit bei.

Am 11. August des Jahres 1999 wird die nächste totale Sonnenfinsternis im Gebiet München-Stuttgart zu sehen sein. Auch dieser Tatsache wird besondere Bedeutung zugemessen, denn das Jahr 1999 oder 1998/99 wird seit Jahrhunderten in prophetischen Äußerungen der verschiedensten Art als besonders wichtig bezeichnet.

Bei Nostradamus lesen wir:

„Das Jahr 1999, sieben Monate. Vom Himmel kommt ein großer Schreckenskönig ..." (10,72)

Wenn sieben Monate des Jahres abgelaufen sind, ist der Monat August 1999 erreicht. In der mittelalterlichen Malachias-Weissagung über die Päpste wird der drittletzte Papst den schmükkenden Beinamen „Von der Arbeit der Sonne, von der Sonnenfinsternis" erhalten. Dieser Papst wird also sicherlich zur Zeit der großen, im August 1999 in Mitteleuropa sichtbaren Sonnenfinsternis regieren.

## „Explosion der Sonne"

Der Ausbruch des Dritten Weltkriegs wird wahrscheinlich von einer Reihe von Explosionen auf der Sonne begleitet, die in ihrer Gewalt die Störungen, die im August 1972 auftraten, weit übertreffen werden.

Der Direktor der spanischen Ebro-Sternwarte hat für 1983 auf Grund wissenschaftlicher Berechnungen eine gewaltige Katastrophe angekündigt, nämlich die „Explosion der Sonne". Die Auswirkungen von Sonnenflecken und Explosionen auf der Sonne beziehen sich nicht nur auf Kosmos, Erde und deren Natur, sondern auch auf den Menschen.

Auf einer Konferenz für Parapsychologie in Moskau erklärte der Leiter des Forschungsinstituts in Alma Ata, Dr. Injuschin:

„Durch das Bioplasma reagiert der Mensch auf alles kosmische Geschehen. Die Biologen haben z. B. eine Vielzahl von biologischen Reaktionen von Menschen, Pflanzen und Tieren auf Störungen der Sonnentätigkeit (Sonnenflecken) beobachtet und untersucht.

Diese Störungen rufen Veränderungen im gesamten plasmischen Gleichgewicht des Universums hervor und üben auch auf das Bioplasma lebender Wesen einen starken Einfluß aus. Dieser physische Prozeß läßt sich genau beobachten."

Am 7. August 1972 führte ein Ausbruch auf der Sonne zur Bildung eines Kraters, der die dreifache Masse der Erdkugel aufnehmen könnte. Die Folge waren Wetterkatastrophen, Unfälle, Erkrankungen durch Kreislaufstörungen und seltsame Naturerscheinungen. Eine noch schlimmere Sonnenexplosion könnte bei verantwortlichen Staatsmännern wie überhaupt der Menschheit zu Fehlverhalten und geistigen Störungen führen und auf diese Weise die Katastrophe eines neuen Weltkriegs mit auslösen.

## Wenn immer mehr Haarsterne erscheinen

Der Lehrer der Rhetorik, Lactantius, der sich unter Diokletian und Konstantin d. Gr., nachdem er 301 zum Christentum übergetreten war, den Ruf eines „christlichen Ciceros" erwarb, verfertigte im Jahre 315 eine Zusammenfassung seiner in sieben Büchern unter dem Titel *Institutiones divinae* erschienenen Gesamtwerke.

Seine Schilderung der Zustände „in der letzten Zeit" entspricht in vielem derjenigen der übrigen Propheten und Hellseher. Er brachte aber auch neue Gesichtspunkte in seine prophetische Schau, so das häufige Auftreten von „Haarsternen" (Kometen).

Neben dem Riesenkometen „Kohoutek" (1973/74) und der Wiederkehr des Halleyschen Kometen (1986) ist mit dem Auftauchen weiterer Schweifsterne zu rechnen.

Lactantius bestätigt in seinen Untergangsvisionen zunächst die Ereignisse, wie sie auch von anderen Propheten und Sehern vorausgesagt sind:

„Wenn der Welt allmählich das Ende naht, dann nimmt die Bosheit überhand, und alle Arten von Lastern und Freveln vervielfältigen sich. Die Gerechtigkeit geht unter, Treue, Friede, Barmherzigkeit, Scham und Wahrheit gibt es nicht mehr, Gewalt und Vermessenheit gewinnen die Oberhand. Niemand besitzt mehr ein Eigentum, das er nicht mit der Faust erworben und mit der Faust verteidigt hat. Wenn es noch Gute gibt, so sind sie Gegenstand der Plünderung und des Gespötts."

Die Eltern- und Kinderliebe und die Achtung vor dem Greis verschwinden, denn alle Menschen werden durch Habgier und Lüsternheit verdorben. Mord und Blutvergießen herrschen überall. Es gibt nicht nur Kriege mit anderen Völkern, sondern auch mit den eigenen Volksgenossen. „Eine Stadt liegt mit der anderen im Kampf, jedes Geschlecht und jedes Alter handhabt die Waffen. Wie bei Raubzügen herrschen Plünderung und Verwüstung."

„Es bilden sich viele Reiche. Zehn Männer reißen den Erdkreis an sich, um ihn zu teilen und zu verschlingen." Dann aber tritt ein anderer, weitaus mächtigerer und nichtswürdigerer Herrscher auf, der drei von ihnen vernichtet und auch die übrigen in seine Gewalt bringt und im Bündnis mit ihnen „die gesamte Erde bedrückt".

Als Gewaltherrscher verkündet der Herr der Welt neue Gesetze und schafft die alten ab. Er betrachtet den Staat als sein Eigentum und ändert Name und Sitz des Reiches.

„Es wird dann eine fluchwürdige Zeit sein, in der niemand mehr Freude am Leben hat. Schließlich geraten die Dinge in einen solchen Zustand, daß man die Lebenden beklagt und die Toten beglückwünscht. Städte und Flecken gehen zugrunde, bald durch Feuer und Schwert, bald durch häufige Erdbeben, bald durch Überschwemmungen, bald durch Seuchen und Hunger."

Da die Erde durch ein Übermaß an Kälte oder Wärme unfruchtbar geworden ist, bringt sie an vielen Orten keinen Ertrag mehr.

(Dürrekatastrophen in Afrika, Indien, der Sowjetunion, China!) Das Wasser schlägt teils „in Bitterkeit“ um, „so daß es nicht mehr für Speisen brauchbar noch zum Trinken heilsam ist“ (Verschmutzung der Gewässer durch die Industrie).

„Zu diesen Übeln gesellen sich noch Schreckenszeichen vom Himmel, damit den Menschen nichts fehle, was Furcht erregt. Häufig ist das Erscheinen von Haarsternen (Schweifsternen), die Sonne umdüstert sich zu immerwährender Blässe, der Mond färbt sich in Blut und ergänzt nicht mehr die Einbuße des verlorenen Lichts.“ Auch Sternfall (Riesenmeteore?) ist zu verzeichnen und die frühere Gesetzmäßigkeit von Sommer und Winter „ist vermengt“.

Infolge kosmischer Veränderungen „kürzt sich auch das Jahr und der Monat und der Tag“. Das ist die Zeit, von der Trismegistus als „das Alter und die Ermattung der Welt“ geweissagt hat.

In der Zeit dieser Übel erhebt sich ein neuer blutrünstiger Herrscher, der nicht nur dem Geschlecht der Menschen, sondern auch Gott feindlich gesonnen ist (der neue Stalin).

„Was der frühere Tyrann noch übriggelassen, das wird dieser zertreten, quälen, martern und töten. Der Tag mehrt immer das Unheil und die Nacht stets die Furcht. So sinkt der Erdkreis zu Verödung herab . . . Dieser Tyrann wird 42 Monate lang Verfolgung üben und sich selbst für Christus ausgeben, dessen Widersacher er ist.“

Er läßt Feuer vom Himmel fallen und stellt ein Bild auf, das zu reden beginnt (Fernsehen). Zwei Drittel der Menschen werden ausgerottet; der Rest flieht in die Wüstengebiete. Aber erst in der „vierten Schlacht“ wird der gottlose Tyrann geschlagen. Dann wird für ein Jahrtausend lang das Reich der Gerechten begründet.

## Symbolische Bedeutung des Kohoutek-Kometen

Immer wieder wird in der Geschichte der Menschheit festgestellt, daß sich nach dem Auftauchen von Riesenkometen am Himmel schwere kriegerische Ereignisse auf der Erde abspielen werden.

Wird in diesem Sinne auch der am Weltraum-Horizont um die Jahreswende 1973/74 aufgetauchte Kohoutek-Komet die Erde und die Menschheit indirekt bedrohen?

Unter den Hunderttausenden von Kometen, die in allen Größen unser Sonnensystem durchfliegen, gehört der nach seinem Entdecker Dr. Lubos Kohoutek, Dozent an der Hamburger Universitäts-Sternwarte, benannte Komet zu den wenigen, die auf ihrer sporadisch elliptischen Bahn scheinbar auch Räume außerhalb unseres Planetensystems durcheilen.

Der Riesenkomet zieht einen Schweif von mehreren Millionen Kilometern Länge hinter sich her. Die mystische Bezeichnung für einen derartigen Schweif lautet „flammendes Schwert". Der Kopf genannte Hauptteil des Kometen setzt sich zusammen aus Eiskristallen, Staub, Steingeröll und Gas (darunter Ammoniak) und besitzt einen Durchmesser von etwa zehntausend Kilometern.

Infolge des „Strahlungsdrucks" der Sonne leuchtet der aus schwachen, leuchtenden Gasen gebildete Schweif wie eine gewaltige Lichtfackel auf. Der Komet „Kohoutek", dessen wissenschaftliche Bezeichnung „1973/f" lautet, ist ein größeres astronomisches Ereignis, als es am 19. Mai 1910 der berühmte „Halleysche Komet" war, der erst 1986 wieder sichtbar werden wird.

Am 20. Juni 1973 hieß es in der internationalen Presse zu diesem Thema und über den Kometen Kohoutek:

„Ein riesiger Komet hat Kurs auf die Erde genommen. Noch versteckt er sich hinter der Sonne.

In der Vorweihnachtszeit wird der Komet, dessen Schweif eine Länge von siebzig Millionen Kilometern erreicht, so hell am blauschwarzen Horizont erstrahlen wie einstmals der Stern von Bethlehem.

Durch Zufall hatte der Hamburger Astronom Dr. Lubos Kohoutek die Naturerscheinung entdeckt: Als er am 7. März 1973 durch das Spiegelteleskop kleine Planeten fotografieren wollte, fiel ihm im Sternbild der Hydra ein Nebelfleck auf, der einen schimmernden Schweif hinter sich herzog. Der Komet wurde unter dem Namen ‚Kohouteks Komet' international registriert.

Der Komet rast zur Zeit mit einer Geschwindigkeit von dreiundzwanzig Kilometern in der Sekunde auf uns zu. Bereits im September 1973 wird er durch das Fernrohr zu erkennen sein. Im Dezember 1973 kann man ihn in Deutschland mit bloßem Auge sehen. Sein Schweif wird sich über ein Sechstel der Himmelskuppel erstrecken.

Der Komet mit einem Kern aus Eisenstücken und Meteoriten und einem Schweif aus leuchtenden Gasmassen wird in rund zweihundertzwanzig Kilometern an der Erde vorbeiziehen und im Jahr 1974 wieder im Weltall verschwinden."

Vielleicht war der „Kohoutek" für manche, die ihn sahen, eher eine Enttäuschung. Aber viele Menschen sehen darin eine symbolische Bedeutung. Und bei zahlreichen Hellsehern finden sich tatsächlich Hinweise auf ein Himmelszeichen, das „kurz vor Ausbruch des dritten Völkerringens der Menschheit eine letzte Warnung gibt".

Der seherische Mönch Hepidanus von St. Gallen prophezeite schon um das Jahr 1080 einen nach 1945, d. h. nach der Hitlerzeit, ausbrechenden Krieg. Er beantwortete die Frage des Paters Bartholomäus nach dem Zeitpunkt des Geschehens mit dem Hinweis auf das Neuerscheinen eines Sterns. Das neue Gestirn werde „im Sternbild der himmlischen Krone dort mittagwärts von deinem Scheitelpunkt" aufleuchten. „Wenn dieser Stern als weithin leuchtendes Feuerzeichen erscheinen wird, dann ist die Zeit nahe."

Es ist möglich und sehr wahrscheinlich, daß Hepidanus mit dem himmlischen Feuerzeichen einen großen Kometen meinte. In diesem Zusammenhang ist natürlich schwer zu entscheiden, welchen Kometen er gemeint haben könnte.

Seit altersher wird das Auftauchen von Kometen mit großen Ereignissen – nicht nur Kriegen – in Verbindung gebracht. Die Geburt Christi wurde chinesischen Astronomen zufolge durch drei gleichzeitig erscheinende Kometen angekündigt. Die ostasiatischen Sternseher brachten einen Kometen der damaligen Zeit in Verbindung mit einem großen Umbruch und dem Beginn einer neuen Zeit.

Im Jahre fünf v. Chr. (Kienping-Periode) erschien im Sternbild „Ochsenführer" ein „Besenstern", ein wegen seines Schweifs so genannter Komet. Er war siebzig Tage lang sichtbar. Die chinesische Überlieferung besagt: „Mit Besen fegt man das Alte weg zur Vorbereitung des Neuen. Aus dem Ochsenführer steigen Sonne, Mond und die fünf Planeten auf; er ist somit der Ursprung der Zeitrechnung, der Beginn der drei Jahresanfänge. Werden diese mit einem Besen (Kometen) aus ihm hinausgefegt, so ist das ein Sinnbild für die Veränderung der Zeitrechnung; und daß der Komet sich so lange gezeigt hat, bedeutet, daß diese Angelegenheit von großer Wichtigkeit ist."

Vor dem Anbruch des christlichen Zeitalters erschienen zwölf v. Chr., acht v. Chr. und fünf v. Chr. Kometen. Die große Zahl der Kometen innerhalb weniger Jahre unterstreicht nach uralter Überzeugung die Wichtigkeit des bevorstehenden Ereignisses. Es erscheint aufschlußreich, daß außer dem Kometen Kohoutek im Jahre 1973 noch weitere Kometen entdeckt worden sind.

Am 27. Februar 1973 hatte Kohoutek von der Sternwarte Hamburg bereits den Kometen „1973/e" entdeckt, der am 7. Juni des Jahres in 207 Millionen Kilometern von der Sonne vorbeizog, während die Erde sich auf der entgegengesetzten Seite der Sonne befand.

Der Komet „1973/a", nach seinen belgischen Entdeckern „Heck-Sause" genannt, wurde am 11. Jänner 1973 aufgefunden.

Unter Berücksichtigung der alten Überlieferungen und Erfahrungen läßt die große Zahl der Kometen des Jahres 1973 zusammen mit dem Himmelszeichen des Kometen Kohoutek auf bevorstehende wichtige Ereignisse schließen. Ein Dritter Weltkrieg würde den endgültigen Abschluß eines Zeitalters und trotz aller Schrecken den Anbruch einer neuen Menschheitsepoche bedeuten.

# 13. Der „Dritte der Stürme“

*Hagelschlag, Sturm- und Flutkatastrophen · Erdfinsternis · Sonnenexplosionen — Ihre möglichen Ursachen · ABC-Waffen · Laserstrahlen und ihre Auswirkungen*

## „Finster wird es an einem Tag...“

Der norwegische Hellseher Johansson sah neue schreckliche Waffen im Krieg im Einsatz. Diese Waffen würden den Krieg entscheiden, denn sie seien den konventionellen Waffen überlegen.

Die ABC-Waffen und die Strahlenwaffe werden aber den Prophezeiungen zufolge nicht erst in der letzten Phase eingesetzt. Schon zu Beginn des Dritten Weltkriegs werden chemische und bakteriologische Kriegsmittel angewandt. Bald darauf werden die ersten Atomraketen abgefeuert. Die Erdsatelliten der Sowjets und Amerikaner sprühen Todesstaub auf die Erde und feuern Waffenstrahlen ab. Der „Dritte der Stürme“ – wie der Dichter Stefan George ihn prophetisch nannte – wird alle apokalyptischen Waffen im Einsatz sehen.

Wenn die Sowjets ihre zwanzigtausend Panzer gegen Mitteleuropa in Bewegung setzen, wird sie, wie bereits aufgrund der Prophezeiungen geschildert, ein von Flugzeugen abgeworfener „gelber Staub“ aufhalten. Der Krieg würde demnach sofort mit dem Einsatz chemischer Kampfmittel beginnen. Bereits einige Stunden oder Tage später würde ein weiterer Einsatz von C-Waffen erfolgen:

„Während des Krieges“, so prophezeite Irlmaier, „kommt die große Finsternis, die 72 Stunden dauert. Finster wird es an einem Tag unterm Krieg. Gleichzeitig bricht ein Hagelschlag aus mit Blitz und Donner, und ein Erdbeben erschüttert die Erde. Wer den Staub einatmet, kriegt einen Krampf und stirbt. Über Nacht sterben mehr Menschen als in den vorangegangenen zwei Weltkriegen.

Das Vieh fällt um, das Gras wird gelb und dürr. Die toten Menschen nehmen eine gelbe und schwarze Farbe an. Der Wind treibt die Todeswolken nach Osten ab.“

Der Einsatz dieses chemischen Staubs, der aus dem Kosmos kommen soll, d. h. von die Erde umkreisenden Satelliten mit Sprühgeschossen abgefeuert wird, ist die sowjetische Antwort auf den Abwurf chemischer Kampfmittel durch amerikanische Flugzeuge auf ihren Panzervormarsch.

Gegen Ende seines Lebens sagte Irlmaier (im Jahre 1959):

„Die dreitägige Finsternis kommt immer näher.“

Auch in der Apokalypse ist von einer dreitägigen Finsternis die Rede. Irlmaier warnt davor, während der 72 Stunden das Haus zu verlassen oder aus dem Fenster zu schauen. Das offene Wasser und die offenen Speisen würden giftig. Es dürfe nur Konservennahrung verzehrt werden. Das Leitungswasser bleibe ungenießbar. Die Fenster sollen schwarz mit Papier verhängt werden. Da der elektrische Strom ausfalle, müßten Kerzen angezündet werden.

Der „chemische Staub aus dem Kosmos“ löst die schreckliche Seuche aus, die Mühlhiasl als den „Bankabräumer“ bezeichnet hat.

Der zentnerschwere Hagel, der gleich zu Kriegsbeginn fällt, wird wahrscheinlich durch Störungen in der Atmosphäre verursacht, die von den chemischen Waffen hervorgerufen werden. In Übereinstimmung mit dieser modernen Schau sprach schon die Apokalypse mehrfach von schwerem Hagelschlag.

## „Hagelschlag zu Kriegsbeginn“

In Übereinstimmung mit biblischen Prophezeiungen kündigte, wie schon gesagt, der Hellseher Irlmaier für den Beginn des

Dritten Weltkriegs schwerwiegende Naturereignisse mit Hagelschlag und Blitz und Donner und Erdbeben an.

Einen gewaltigen Hagelfall sagte auch Nostradamus voraus:

„Der Krieg des Antichristen wird, nachdem drei bald vernichtet sind, siebenundzwanzig Jahre andauern.

Die Häretiker (die Anhänger der griechisch-orthodoxen Kirche) sind tot.

Die Gefangenen hat man in die Verbannung (nach Sibirien) geschickt.

Menschenblut fließt. Das Wasser färbt sich rot.

Hagel bedeckt die Erde." (8,77)

In der *Offenbarung* des Evangelisten Johannes heißt es im Zusammenhang mit den Sieben Plagen:

„Und ein großer Hagel wie Zentnerstücke fiel vom Himmel auf die Menschen; und die Menschen lästerten Gott über die Plage des Hagels, denn seine Plage ist sehr groß." (16,21)

Der prophezeite schwere Hagelfall spricht für die Möglichkeit, daß der Dritte Weltkrieg von extremen Vorgängen auf der Sonne eingeleitet wird.

Die mächtigen Sonnenexplosionen zwischen dem 7. und 12. August 1972 lösten anschließend, außer Sturm- und Flutkatastrophen, auch einen Hagelfall mit ungewöhnlich großen Körnern aus. In Stuttgart erreichte der Hagel eine fünfzehn Zentimeter hohe Schicht auf der Erde und die durchschnittliche Korngröße eines Hühnereis, in manchen Fällen auch eines Tennisballs.

Am 20. September 1972 fiel in der Nähe von Kempten (Allgäu) ein einzelnes Hagelkorn von sechzig Zentimeter Länge, einem Umfang von vierzig Zentimetern und einem Gewicht von zwanzig Kilogramm.

Ein regelrechter Eisblock-Kometenregen, der die Prophezeiung der Apokalypse als eine Möglichkeit unter Beweis stellte, ging im November 1956 zweihundert Kilometer nördlich des amerikanischen Stützpunktes Port Kniff auf Grönland und einen Monat später bei Point Chully in Alaska nieder. Bei dem mehrere Stunden andauernden Hagelschlag fielen Eisblöcke von einem Gewicht zwischen fünfzehn und fünfundsechzig Kilogramm vom Himmel.

Der Astronom und Stratosphären-Meteorologe Dr. Loushner von der US-Sternwarte auf dem Mount Palomar bezeichnete den Eisblockregen und den in diesem Zusammenhang festgestellten stahlblau schimmernden Dunstschleier von Eiskristallen in der Strato- und Ionosphäre als „den Ursachen nach noch unbekanntes Phänomen“.

## Tiere in Unruhe

Die Sonnenexplosion vom August 1972 hatte im Sinne der wissenschaftlichen Feststellung von Dr. Injuschin auch nachweisliche Auswirkungen auf das Verhalten der Tierwelt. In Belfort (Frankreich) überfielen am 17. August 1972 mit schrillem Pfeifen am hellen Tag Hunderte von Fledermäusen ein Krankenhaus. Die Tiere konnten von der Feuerwehr nur unter Einsatz von Schneidbrennern und Lötlampen vertrieben werden. In Brasilien drangen am 3. November 1972 nach Tausenden zählende Schwärme von riesigen Wolfsspinnen in ein Dorf und mußten durch den Einsatz von Militär verjagt werden. In Jugoslawien wurden Giftschlangen zu einer Plage. Das Verhalten von Haustieren und Vögeln war zu dieser Zeit vielfach ungewöhnlich.

Hinsichtlich der dreitägigen Finsternis, welche Alois I r l m a i e r für die Anfangsperiode des Dritten Weltkriegs voraussagte und die auch in der Apokalypse erwähnt wird, könnte die Ursache in einer neuartigen sowjetischen Geheimwaffe gesucht werden. Mit Hilfe von „Sprühpatronen-Satelliten“ ist es möglich, eine künstliche Weltfinsternis von längstens drei Wochen Dauer um den Erdball zu legen. Der „Tintenfisch-Schleier“ soll in erster Linie wissenschaftlichen Forschungen dienen, könnte aber auch für die moderne Kriegstechnik genutzt werden. Auch unter einem Nachtschleier von nur drei Tagen Dauer müßte die Kampfmoral der Angegriffenen erheblich leiden.

Die Satelliten-Sprühwaffe ist ein Teil der apokalyptischen Strategie, die unter dem Begriff der „geophysischen Kriegsführung“ zusammengefaßt wird. Hierzu gehören auch das Abschmelzen der Eiskappen der Pole, um Überschwemmungen und Klimaveränderungen zu erzeugen, sowie die künstliche Erzeugung einer genau dosierten elektrischen Spannung in der Atmosphäre eines bestimmten Feindgebietes, um bei den Menschen geistige Störungen zu erzeugen. Der umfassende Katalog dieser „geophysischen“ Waffen wird natürlich geheimgehalten.

## Visionen der Kriegsführung mit neuen Waffen

Während in Indien – nach einem Gesicht Anton Johanssons – durch den Abwurf biologisch-bakteriologischer Waffen Pekings fünfundzwanzig Millionen Menschen den Tod finden, brechen in Europa bisher unbekannte Krankheiten aus. Der norwegische Hellseher sah, daß vor allem in Frankreich, und zwar in erster Linie die Jugend von Blindheit, Wahnsinn und völliger Zerstörung des menschlichen Körpers heimgesucht wird.

Anna Katharina Emmerich hatte folgende Vision:

„Ich sah die Erde wie eine runde Fläche, die von Dunkelheit und Finsternis überzogen wurde. Alles verdorrte und war im Absterben. Ich sah dies in unzähligen Einzelheiten an allen Geschöpfen, an Bäumen, Gesträuchern, Pflanzen, Blumen und Feldern. Ja, es war, als werde selbst das Wasser in Bächen, Brunnen, Flüssen und Meeren aufgesaugt oder ziehe in seinen Ursprung sich zurück.

Ich wandelte über die verwüstete Erde und sah die Flüsse wie feine Linien, die Meere als schwarze Abgründe, in deren Mitte nur noch schmale Streifen Wassers zu erblicken waren. Alles andere war ein trüber dicker Schlamm, in welchem ich allerlei ungeheure Tiere und Fische stecken und mit dem Tode ringen sah. Ich sah auch Orte und Menschen in trübem, traurigem Gewühl und Verderben und sah mit dem Bild der wüst und wasserlos werdenden Erde gleichmäßig die dunklen Werke der Menschen wachsen ...“

Eine andere Kriegsvision von eindringlicher Bildkraft:

„Wieder sah ich die Peterskirche mit ihrer hohen Kuppel. Michael stand auf ihr leuchtend in blutrotem Gewand, mit einer großen Kriegsfahne in der Hand. Auf der Erde war großer Streit. Grüne und Blaue kämpften gegen Weiße, und diese Weißen, welche ein rotes feuriges Schwert über sich stehen hatten, schienen ganz zu erliegen, alle aber wußten nicht, warum sie kämpften.

Die Kirche war ganz blutrot wie der Engel, und mir wurde gesagt: ‚Sie wird im Blute gewaschen.‘ Je länger der Kampf währte, um so mehr wich die rote Blutfarbe von der Kirche, und sie ward immer durchscheinender.

Der Engel aber stieg nieder und trat zu den Weißen. Da ergriff sie ein wunderbarer Mut, sie wußten nicht woher; er war es, der unter die Feinde schlug, und diese flohen nach allen Seiten. Über den siegenden Weißen war nun das feurige Schwert verschwunden ...“

Diese Vision könnte sich auf den Dritten Weltkrieg, aber auch auf die für sehr viel später zu erwartende „Endzeitschlacht von Harmagedon“ beziehen. Das Versiegen der Ströme hat auch u. a. Irlmaier angekündigt. Nach dem Dritten Weltkrieg würden die großen Ströme so seicht, daß man hindurchgehen könne. Der Abwurf von Atomwaffen könnte tatsächlich zu Erdrissen führen, in die das Wasser verläuft, so daß es von der Erdoberfläche verschwindet.

Anton Johansson sah in den USA den Einsatz neuer verheerender Waffen. Leider liegt über die Art dieser modernen Superwaffen keine nähere Aussage vor. Es handelt sich aber wahrscheinlich um den Einsatz von ABC-Waffen und der Laser-

Waffenstrahlen durch den Osten. Möglicherweise enthält die von der Heiligen Jungfrau seit langem zur Veröffentlichung freigegebene, aber der Weltöffentlichkeit noch immer vorenthaltene dritte Prophezeiung von Fatima Hinweise nicht nur auf den Krieg mit den atomaren, chemischen und bakteriologischen Waffen, sondern auch auf die in Entwicklung begriffenen Laserwaffen.

In der Siebenten Vision D a n i e l s , der byzantinischen Prophezeiung aus dem 8. Jahrhundert, heißt es, daß das Weltall brenne, daß Feuersäulen vom Himmel kämen. „Alles wird von der Luft verbrannt." Es könnte sich dabei um allegorische Darstellungen des Abschusses von Waffenstrahlen aus den Erdsatelliten handeln.

In der armenischen Fassung der Siebenten Vision Daniels werden Ereignisse prophezeit, die einen Teil der Gesamtgeschehnisse der Endzeit bilden. Auch die politischen und sozialen Zustände, die dann herrschen, werden geschildert. Die berühmten byzantinischen Prophezeiungen des M e t h o d i u s , des Bischofs von Patara (Byzanz), enthalten ähnliche Voraussagen.

Die Prophetie beginnt mit einer Schilderung der gesellschaftlichen Zustände, die den allgemeinen Wirren, Revolutionen und Kriegen vorausgehen: „Gotteslästerungen, Menschenmorde, Meineide, Verleumdungen, Lügen, Entweihungen, Qualen, Plünderungen, Bruderhaß, Wirren werden ohne Zahl sein. Und die Könige werden über den König, die Fürsten über die Fürsten, der Mächtige wird über den Armen herfallen, und der Arme und der Reiche werden stürzen."

Es werde Erd- und Seebeben geben, die große Zerstörungen anrichten. In einem Teilgebiet der Erde werde sich die Erdkruste senken, und überall werde die Annehmlichkeit der Welt geringer werden.

Die Könige, Fürsten, politischen Führer und Revolutionäre führen untereinander und innerhalb der Länder in Städten und Dörfern Krieg. Es werde viele Wirren und blutige Aufstände geben, bis „das Volk der Barbaren" über Städte und Länder herfallen wird.

„Große Schläge“ werden ausgeteilt, und „eine Feuersäule wird vom Himmel herab auf der Erde erscheinen“. Und feurige Pfeile wird es vom Himmel niederregnen. Viele Zeichen und Wunder werden zu verzeichnen sein. Den Verwüstungen werden Seuchen und Hungersnöte folgen.

Unter der Herrschaft eines Diktators, des biblischen Antichristen, werden die Menschen sich vom christlichen Glauben und Gottesdienst abwenden, „und der Stab des Betruges wird die Menschheit beherrschen“. Die Menschen werden durch den falschen Propheten, „welcher die Geißel der Menschheit ist“, zu Miterben der ewigen Hölle. „Er wird die Berge von Ort zu Ort bewegen“, d. h. er wird seine Herrschaft über die ganze Erde ausbreiten, „drei Zeiten und eine halbe Zeit lang“.

Der Himmel wird sich verschließen und „wird keinen Regen herablassen, und die Erde wird nichts Grünes wachsen lassen, alle Früchte werden dürr“, und es wird eine große weltweite Hungersnot ausbrechen. Die Bevölkerung ganzer Städte und Länder wird in Panik fallen und sich in riesigen Scharen auf den Weg in andere, vermeintlich verschonte Gebiete aufmachen wollen. Aber „sie werden nicht von Osten nach Westen und nicht von Westen nach Osten fliehen können“. Nur wenige werden errettet werden. Vom Himmel werden Stürme kommen. „Dann wird im Weltall furchtbare Drangsal sein.“

Nachdem die Menschheit durch Not und Gewalt geplagt wurde, verwandelt sich die Sonne in Finsternis und der Mond in Blut. Die Sterne werden wie Blätter herabfallen, der Himmel wird in Form einer Rolle zusammengedreht. Das aus der Tiefe emporschäumende Meer wird die Menschen bedecken, und von der Luft wird alles verbrannt und verdorrt.

Vom Himmel steigen feurige Engel herab, im Kosmos wird Feuer auflodern, „feuerförmige und eherne Mäuse werden erscheinen und Ähnliches“.

Der Bischof von Patara spricht in seiner Prophezeiung (um 677 n. Chr.) von einem apokalyptischen Weltreich, das den

Dämonen und anderen bösen Wesen anheimgefallen ist. Die Tore der Kaspischen Berge werden sich öffnen, Gog und Magog brechen hervor, der Antichrist tritt auf und zwingt die Welt bis zum Letzten Gericht unter seine Herrschaft.

Es erscheint nicht ausgeschlossen, daß zahlreiche prophetische Gesichte über die Entfesselung und Wirkung von Superwaffen sich auf die Strahlenwaffe beziehen, deren Wirkung bisher kaum erforscht werden konnte, da sie noch in der Entwicklung begriffen ist.

Nach Ansicht von Experten werden die Sowjets den Waffenstrahl bis 1974, die Amerikaner bis 1975 einsatzbereit haben. Diese kleinste der Laserwaffen hat die Vernichtungswirkung von 1500 Hiroshima-Atombomben. Sie entwickelt die 10.000fache Hitze der Sonnenoberfläche. Der Waffenstrahl bewegt sich mit Lichtgeschwindigkeit, d. h. mit 300.000 Kilometern pro Sekunde, zum Ziel. Gegen den Waffenstrahl gibt es noch keinerlei Schutz und keine Kontroll- oder Überwachungsmöglichkeit. Die Laserwaffe ist in der Lage, alles Lebende und die Materie in Nichts aufzulösen – sie ist der Todesstrahl, die absolute Vernichtungswaffe.

Die Amerikaner haben eine neue Mini-Atomwaffe entwickelt, die eine Sprengkraft von lediglich 50 Tonnen TNT besitzt, gegenüber 20.000 Tonnen Sprengkraft der Atombombe von Hiroshima. Die neue taktische Atomwaffe kann in beliebiger Entfernung jedes Ziel metergenau treffen. Wahrscheinlich wird diese Atombombe mit Hilfe eines Laserstrahls gelenkt. Die neue Waffe gilt als ebenso umwälzend wie die Erfindung des Maschinengewehrs im Ersten Weltkrieg.

Entlang der chinesischen Grenze hat sich der sowjetische Truppenaufmarsch seit den Grenzzwischenfällen am Ussuri im Jahre 1969 verdreifacht. Im Jahre 1973 wurden im grenznahen Gebiet fünf neue unterirdische Abschußrampen für Atomraketen errichtet. Die Gesamtzahl der dort aufgebauten Atom-Rampen hat sich damit auf neunzehn erhöht. Alle sind vorprogrammiert auf die chinesischen nuklearen Forschungs- und Produktionsstätten sowie auf die atomaren Waffenarsenale, in deren Reichweite bereits Moskau, Leningrad und Kiew liegen. Neuerdings werden auch Truppen in die Mongolische Volksrepublik verlegt. Insgesamt sollen bereits etwa die Hälfte der sowjetischen Streitkräfte nach dem Fernen Osten verlegt worden sein.

Die Sowjetrussen werden auch ihre SS-10- und SS-13-Abschußbasen fertigstellen. Von achtzig verschiedenen Standorten könnten sie ihre sogenannten „Himmels-U-Boote" zum Abschuß bringen.

Die MIRV haben Mehrfachsprengköpfe, während die FOBS sowohl der genauesten Beobachtung wie dem Beschuß dienen können.

Die neuen sowjetischen Monster-Bomben können durch ihre elektromagnetischen Strahlungen bei Einsatz alle Radiogeräte, jeden elektrischen Strom, Telefon, Licht und sogar die amerikanischen Minuteman-Raketen völlig zum Ausfall bringen oder sie so beschädigen, daß eine Reparatur nicht mehr möglich ist. Waffensysteme dieser Art werden in der „Endzeitschlacht von Harmagedon" eine wichtige Rolle spielen.

Die moderne Physik hat erkannt, daß das Licht aus kleinen Geschossen besteht und Masse hat. Es hat einen Doppelcharakter: es besteht aus Wellen, ist aber auch gleichzeitig ein Teil der Materie. Diese Tatsache ist sicherlich nicht ohne Bedeutung für die Strahlenwaffe, die als gebündelter, konzentrierter Lichtstrahl wirkt.

Bei Vergegenwärtigung allein dessen, was wir heute schon über die Existenz und Wirkkraft neuer Waffen wissen, erscheinen die Schreckensvisionen alter und neuerer Prophezeiungen über eine „apokalyptische Endzeit" in einem neuen Licht. Der Einsatz dieser Waffen würde tatsächlich genügen, die Erde zu verwüsten, das Leben auf der Erdoberfläche auf „Restbestände" zu dezimieren und selbst die Atmosphäre zu stören.

# 14. Der „Aufmarsch zur Apokalypse“

*Atomkriege Amerikas mit Rußland und China · Das Zeitalter des Friedens · Prophezeiungen bis zum Jahre 2037*

## Die Visionen der Jeane Dixon

Die Geschehnisse des Dritten Weltkriegs sind von so weittragender Bedeutung, daß sie in den Prophezeiungen als Teil der Apokalypse und der Endzeit betrachtet werden. Die Gesichte gehen vielfach ineinander über.

In ihren Prophezeiungen bis zum Jahre 2037 sagt die amerikanische Hellseherin Jeane Dixon für die Jahre 1999 bis 2004 einen atomaren amerikanisch-europäischen Krieg mit der Sowjetunion und für 2005 bis 2020 einen amerikanisch-chinesischen Atomkrieg voraus. Beide Kriege bewegen sich um den Mittelpunkt Naher Osten.

Im Licht dieser Prophezeiung bilden die Ereignisse des Dritten Weltkriegs gewissermaßen den Übergang zum apokalyptischen Zeitalter der Menschheit und der Erde. Die Visionen Jeane Dixons beschränken sich auf die Atomkriege Amerikas mit der Sowjetunion und China. Über den vorangehenden Dritten Weltkrieg liegen von ihr keine Prophezeiungen vor. Der Dritte Weltkrieg bildet also wahrscheinlich das Vorspiel zum „Aufmarsch zur Apokalypse“.

Nach den Visionen Jeane Dixons nimmt der Dritte Weltkrieg im Jahre 1980 seinen Anfang mit Kämpfen um Israel.

Bis 1980 werde Amerika in einem falschen Sicherheitsgefühl leben, das durch die ständigen Hinweise auf eingegangene Kompromisse und stattfindende Verhandlungen erzeugt worden sei. 1980 aber werde das erzeugte Trugbild wie ein Kartenhaus zusammenstürzen und den Blick auf die wahre Lage freigeben.

Wenn die große Unruhe über die Welt komme, werde Amerika für die früheren Fehler und Unterlassungen zu büßen haben.

Den Visionen Jeane Dixons zufolge wird der Jahreszyklus 1980 bis 1999 mit einer schweren Erdbebenkatastrophe im Vorderen Orient beginnen. Das Beben wird das Zeichen geben für den Einfall der Araber in Israel. Über die Zeit von acht Jahren sollen sich diese Kämpfe ausdehnen.

Wenn die militärische Kraft beider Seiten erschöpft sei, würden (1988) die Sowjets und ihre Satelliten das gesamte Gebiet, also sowohl die Araberstaaten als auch Israel, militärisch besetzen. Dennoch werde auch dadurch kein Friede einkehren. Bis 1995 würden Kämpfe, Massaker, Elend und Pestilenz den Nahen Osten beherrschen. Die Periode eines unsicheren Friedens werde sich noch bis 1999 ausdehnen.

Durch diese Ereignisse sei Israel von der völligen Vernichtung bedroht. Amerika sei in diesen Jahren wirtschaftlich und militärisch für einen Großkrieg zur Unterstützung Israels zu schwach. Aber die USA würden ihr Bündnis mit denjenigen Ländern verstärken, die am meisten durch eine kommunistische Herrschaft zu verlieren hätten: England, Frankreich, Deutschland, Italien, Holland, Belgien, Schweden, Kanada und Japan.

Obwohl die Sowjets versuchen würden, die Schuld für die allgemeine gefährliche Entwicklung den USA in die Schuhe zu schieben und dadurch Einfluß auf deren Verbündete zu gewinnen, werde der Oberbefehlshaber der Westalliierten, mit dem Hauptquartier in Rom, das gesamte westliche Bündnis unter Kontrolle behalten.

In Erwartung des Angriffs würden die Sowjets ihre modernen Waffensysteme (MIRV, FOBS usw.) einsatzbereit machen. Etwa

1999 sei dann mit dem Einmarsch der Westarmeen in den Vorderen Orient zu rechnen. Die westliche Invasion werde den atomaren Feuersturm der sowjetischen Raketen auf die Großstädte an der West- und Ostküste Amerikas sowie auf die westeuropäischen Hauptstädte auslösen. Die Zerstörung der europäischen Städte werde von den in den Karpaten errichteten Abschußbasen aus erfolgen. Angesichts dieses Geschehens müsse um das Überleben der Menschheit gefürchtet werden.

Bald darauf werde die Vernichtung der sowjetischen und osteuropäischen Städte sowie der Invasionsarmeen im Nahen Osten erfolgen.

Infolge der Zerstörungen in der Sowjetunion und in Osteuropa – als Gegenschlag zu dem Raketenangriff auf den Westen – würden sich die kommunistischen Truppen im Orient völlig isoliert und von jedem Nachschub aus der Heimat abgeschnitten sehen.

Diese Verbände würden von Rom aus rasch vernichtet werden. Der Nahe Osten sei dann für die Sowjetrussen zur ausweglosen Falle geworden. Westliche Atomwaffen von der Erde, aus der Luft und von See würden das Ost-Potential an Menschen und Material wie Spielzeug zerstören. Tausende durch Atomblitze erblindete Soldaten des Ostens würden in der Wüste herumirren und elend zugrunde gehen ...

Die Ereignisse würden etwa im Jahre 2004 abklingen. Dann aber wird sich das andere kommunistische Ungeheuer, China, zu regen beginnen und einen neuen Weltkrieg von neunzehn Jahren Dauer heraufbeschwören. Nach dem sowjetisch-amerikanischen Krieg hätten sowohl die UdSSR als auch die USA ihren Rang als Supermächte verloren. Das aufsteigende China, das dann den Höhepunkt seiner Macht erreicht haben werde, werde diese Lage zu nützen versuchen, um die eigene Weltmachtstellung zu festigen und künftigen Gefahren im voraus zu begegnen.

Während der beiden Weltkriege, die der Westen mit der Sowjetunion und ihren Satelliten sowie danach mit China zu führen habe, werde es eine überraschende historische Analogie zwischen den römischen Truppen Kaiser Konstantins des Großen und ihrem Sieg über die Orientalen und den Kriegen und Siegen des neuen römischen Imperators in Rom geben.

Denn auch der kommende Weltkrieg mit China wird sich, den Visionen Jeane Dixons zufolge, wesentlich um den Nahen Osten abspielen, da gelbe Armeen in unermeßlicher Zahl nach dem Vorderen Orient vordringen, dort aber vernichtet werden.

Im Jahre 2005 wird, Jeane Dixon zufolge, die neue Weltmacht China, auf dem Höhepunkt ihrer Industrialisierung, zum Angriff auf die westlichen Truppen im Nahen Osten übergehen: Die chinesischen Armeen werden das gesamte Asien einschließlich der asiatischen Gebiete der Sowjetunion im ersten Ansturm überrennen. Die nach Millionen zählenden, mit den modernsten Waffen und Atomwaffen ausgerüsteten gelben Soldaten werden auf dem Landweg nach dem Nahen Osten vorrücken, um hier die Entscheidungsschlacht über die Weltherrschaft mit den USA und ihren Verbündeten zu suchen.

Die Pekinger Führer würden dabei von der Vorstellung beherrscht, daß ein Heer von Abermillionen, das sich über die riesigen Entfernungen zwischen Ostasien und dem Mittelmeer verteilt, nicht gänzlich von Nuklearwaffen ausgelöscht werden könne. Es müsse möglich sein, durch die überlebenden chinesischen Truppen die alliierte westliche Militärkraft zu brechen.

Die gelben Millionenheere werden, Jeane Dixon zufolge, der Sowjetunion den Todesstoß versetzen, indem sie deren gesamte südlichen Gebiete erobern und mit anderen ost- und vorderasiatischen Hilfstruppen nach Nahost, Nordafrika und Ost- sowie Südeuropa einfallen. Die entscheidende „Endzeitschlacht von Harmagedon" aber wird der Westen siegreich bestehen.

Während des amerikanisch-sowjetischen und des amerikanisch-chinesischen Weltkriegs werde es zu zahlreichen unerklärlichen kosmischen Erscheinungen kommen.

In dieser künftigen Schreckenszeit sieht Jeane Dixon die Erfüllung alt- und neutestamentarischer Prophezeiungen.

Danach seien folgende Zeichen am Himmel zu erwarten, die bei Hesekiel, Jesaja, Matthäus und Lukas erwähnt werden: Während der Kämpfe werden die Kräfte des Himmels erschüttert werden. Die Sonne wird sich verdunkeln, der Mond und die Sterne werden nicht mehr scheinen. Drei Tage und drei Nächte lang wird völlige Finsternis herrschen. Danach wird über dem Schlachtfeld von Harmagedon im Heiligen Land am Himmel das Zeichen des Kreuzes aufleuchten.

Zu dieser Zeit würden sich die letzten überlebenden Juden zu Christus bekehren. Das werde die wahre Geburtsstunde der neuen christlich-jüdischen Religion sein, die das Bild eines neuen friedlichen Zeitalters nach dem Jahre 2037 bestimmen werde. Damit werde ein neues Millemium für die Menschheit und die Erde heraufgeführt.

Das Gesicht Jeane Dixons vom friedlichen Zeitalter deckt sich mit den Prognosen von Edgar Cayce. Auf diesen Seher, der ein „Neues Zeitalter der Menschheit“ beschrieb, kommen wir in einem späteren Kapitel dieses Buches zurück.

Jeane Dixons Visionen stimmen aber auch, abgesehen von unterschiedlichen Datierungen und einzelnen abweichenden Namensnennungen in vielem mit den Prophezeiungen von Nostradamus und auch anderen Sehern überein.

## Die „Zornesschalen“ der Apokalypse

Im 16. Kapitel der *Geheimen Offenbarung* schildert der neutestamentarische Seher das Geschehen um die Schlacht von Harmagedon. Auf Befehl einer großen Stimme aus dem Tempel werden sieben Schalen des Zornes Gottes auf die Erde ausgegossen *(Kapitel 16, Vers 1 bis 21):*

1. Ich hörte eine laute Stimme aus dem Tempel der sieben Engel sagen: Gehet hin und gießet die sieben Schalen des Zornes Gottes auf die Erde aus!
2. Der erste ging hin und goß seine Schale auf das Land aus; da befiel böses und schlimmes Geschwür die Menschen, die das Malzeichen des Tieres haben und die sein Bild anbeten.
3. Der zweite goß seine Schale auf das Meer aus; da wurde es (zu) Blut wie von einem Toten, und alle lebendigen Wesen im Meer starben.
4. Der dritte goß seine Schale aus auf die Flüsse und die Wasserquellen; sie wurden zu Blut.
5. Und ich hörte den Engel der Gewässer sagen: Gerecht bist du, der ist und der war, der Heilige, daß du so gerichtet hast;
6. denn Blut von Heiligen und Propheten vergossen sie, und Blut hast du ihnen zu trinken gegeben; es ist ihnen recht geschehen.
7. Und ich hörte den Altar sagen: Ja, Herr, Allherrscher Gott, wahr, heilig und gerecht (sind) deine Gerichte.
8. Der vierte goß seine Schale auf die Sonne aus; da wurde ihr gegeben, die Menschen mit Feuer zu versengen.
9. Die Menschen wurden mit großer Glut versengt, sie lästerten den Namen Gottes, der die Macht über diese Plagen hat, und taten nicht Buße, (so daß) sie ihm die Ehre gegeben hätten.
10. Der fünfte goß seine Schale auf den Thron des Tieres aus; da wurde dessen Reich verfinstert, und sie zerbissen sich die Zungen vor Schmerz.
11. Und lästerten den Gott des Himmels wegen ihrer Schmerzen und wegen ihrer Geschwüre und taten nicht Buße von ihren Werken.
12. Der sechste goß seine Schale aus auf den großen Strom Euphrat; da vertrocknete sein Wasser, damit den Königen vom Anfang der Sonne der Weg bereitet würde.

13. Und ich sah aus dem Maul des Drachen, aus dem Maul des Tieres und aus dem Mund des falschen Propheten drei unreine Geister wie Frösche herauskommen.
14. Es sind nämlich Dämonengeister, die Zeichen tun, die zu den Königen des ganzen Erdkreises ausziehen, um sie zum Krieg am großen Tag Gottes des Allherrschers zu versammeln.
15. „Siehe, ich komme wie ein Dieb. Selig, wer wacht und seine Kleider bewahrt, damit er nicht nackt einhergehe und man seine Schande sehe!“
16. Und sie versammelten sich an dem Ort, der auf hebräisch Harmagedon heißt.
17. Der siebente goß seine Schale auf die Luft aus; da kam eine laute Stimme aus dem Himmel vom Thron her, die sprach: Es ist geschehen.
18. Es entstanden Blitze, Stimmen, Donnerschläge und ein großes Erdbeben, wie kein so großes wurde, seit ein Mensch auf Erden war.
19. Die große Stadt zerfiel in drei Teile, die Städte der Heiden stürzten ein, und des großen Babylons wurde vor Gott gedacht, ihm den Becher des Zornweins seines Grimms darzureichen.
20. Alle Inseln flohen, und Berge waren keine zu finden.
21. Ein großer Hagel, wie zentnerschwer, fällt aus dem Himmel auf die Menschen herab, und die Menschen lästerten Gott wegen der Plage des Hagels, weil dessen Plage überaus groß ist.

(Die Bibeltexte wurden entnommen aus: *Zürcher Bibelkommentare, Die Offenbarung Jesu Christi, Johannes Apokalypse* von Charles Brütsch, Zwingli-Verlag, Zürich.)

In einer Zeit, in der das Damoklesschwert eines Atomkriegs über der Menschheit schwebt, erhalten die Gesichte des Johannes, die dem kritischen Blick des Forschers in früheren Jahrzehnten oder Jahrhunderten wie fromme Märchen erscheinen mußten, eine völlig neue Bedeutung.

Innerhalb von wenigen Tagen oder Stunden können viele Millionen Menschen als Opfer der modernen Waffen plötzlich aus dem Leben gerissen werden und zu Staub und Asche verglühen. Dies ist der „Tag des Gerichts“, von dem die Offenbarung spricht.

Johannes schildert die Folgen eines Atomkriegs im 16. Kapitel mit eindringlicher Genauigkeit. Die Reihenfolge der Zornesschalen ist die gleiche wie die der Posaunen: Die Plagen treffen zuerst das Land, dann das Meer, dann die Flüsse und schließlich die Sonne bzw. die Gestirne.

Im 2. Vers wird die Atompest beschrieben, die viele Menschen ereilt, die die Atombomben-Explosionen überlebt haben. Die Erkrankten sterben an unheilbaren Geschwüren.

Der französische Seher N o s t r a d a m u s sagte dazu in seinen Zenturien:

„Der schreckliche Krieg, der im Abendland naht: In dem darauffolgenden Jahr wird die Pest überaus schrecklich wüten und weder Mensch noch Tier, weder jung noch alt verschonen.“

Das Meer, die Flüsse und Quellen werden „wie Blut eines Toten“, sie werden giftig und ungenießbar. Das heißt: viele Gewässer werden radioaktiv verseucht.

Im 13. Vers spricht J o h a n n e s von dem Drachen, dem Tier und dem falschen Propheten. Es handelt sich um schon in früheren Kapiteln beschriebene Aspekte des Bösen, d. h. jener Kraft, die den Menschen ein Scheinleben ohne Gott vorgaukelt, während in Wahrheit jeder Mensch durch seinen innersten Wesensgrund mit der göttlichen Allmacht und dem Kosmos verbunden ist.

Der „Drache“ (Satan, „die alte Schlange“) stellt den Sammelbegriff des Bösen dar, als dessen sichtbare Verkörperung der Weltkommunismus in Erscheinung tritt. Er wirkt in verschiedenen Formen: Als Tier aus dem Meer hat er durch die militärische Hilfe der USA während des Zweiten Weltkriegs Kraft und Stärke gewonnen; als Tier aus dem Festland (hier falscher Prophet genannt) teilt er sich mit den USA die Weltherrschaft.

Das Reich des Tieres leidet unter der Glut der Sonne und unter Verfinsterungen. Kann schon die gewöhnliche Sonnenhitze zu Dürre und Hungersnot führen, so verbrennen nunmehr die Menschen durch die vielfach verstärkte sonnenartige Hitze, die die explodierenden Atombomben ausstrahlen. Die Atompilze verfinstern den Himmel, ungeheure Brände wüten. Schwarze Wolken steigen von den Stätten der Vernichtung auf.

Wenn zahlreiche Atombomben in Rußland und den USA zur gleichen Zeit explodieren, so können sich radioaktive Wolken bilden, die über den ganzen Erdball hinwegziehen.

„Der sechste (Engel) goß seine Schale aus auf den großen Strom Euphrat“: Der Euphrat war zur Zeit des Johannes ein natürlicher Schutzwall des Römerreiches gegen die Völker aus Asien. Dieser Schutzwall hört auf zu existieren. Die Menschenmassen aus Rußland und der Mongolei stoßen vor in Richtung Kleinasien, wo Johannes seine Wirkungsstätte fand. Der Nahe Osten wird überrannt. Feindliche Heere marschieren durch den Irak und Syrien und gelangen bis nach Palästina.

„Und sie versammelten sich an dem Ort, der auf hebräisch Harmagedon heißt.“ Hierzu schreibt Alfred Läpple in dem Werk *Die Apokalypse nach Johannes* (Don-Bosco-Verlag, München):

„Die Stätte des eschatologischen Entscheidungskampfes wird ‚Har Magedon‘ (Apc. 16,16) genannt. Zur Klärung dieses Namens, der in der ganzen Heiligen Schrift nur hier auftaucht, sind viele Deutungen vorgelegt worden, von denen jedoch keine allgemeine Anerkennung gefunden hat:
Har (= Berg) Magedon
= Berg (Gebirge) von Megiddo (Ri. 5,19; 2 Kg. 9,27; 23,29; 2 Chron. 35,22)
= Versammlungsberg (har-moed Is. 14,13).

Megiddo (in der Septuaginta, der griechischen Übersetzung des Alten Testaments, auch ‚Magedon' bzw. ‚Mageddo' genannt) ist eine bedeutende, an einem nördlichen Ausläufer des Karmelgebirges gelegene Festung, von der aus die nördlich von ihr gelegene Ebene Esdrelon, eine wichtige Kampfstätte des Altertums, beherrscht werden kann. Dem ganzen Alten Testament, das wiederholt von Megiddo spricht, ist jedoch der Ausdruck ‚Berg (Gebirge) von Megiddo' fremd."

„Die Tatsache, daß der hebräische Ausdruck ‚Har Magedon' beibehalten worden ist, spricht nicht nur für den apokalyptischen Geheimstil. Es darf wohl mit Recht angenommen werden, daß ‚Har Magedon', das in unseren Tagen in den Schriften der Zeugen Jehovas eine bedeutsame Rolle spielt, zunächst wohl eine geographische Bezeichnung ist, aber nicht als solche, sondern im übertragenen Sinn als Versammlungsort der dämonischen Koalitionsheere verstanden werden will. Als Versammlungsstätte der gottfeindlichen Mächte würde Har Magedon das Gegenstück zum Gottesberg Sion darstellen."

## Das Schicksal des „großen Babylon"

Aus den schon früher zitierten Weissagungen des Propheten Hesekiel (Ezechiel) geht deutlich hervor, daß während des von ihm befürchteten großen Weltkriegs eine feindliche Invasionsarmee in Palästina aufgerieben wird. Hesekiel nennt auch die Zeit dieser Vernichtung: Es geschieht, wenn die vertriebenen Bewohner Israels wieder zurückgekehrt sind und ihr Land bebauen.

Im letzten 21. Vers schildert Johannes den modernen Raketenkrieg: „Ein großer Hagel, wie zentnerschwer, fällt aus dem Himmel auf die Menschen herab, und die Menschen lästerten Gott wegen der Plage des Hagels, weil dessen Plage überaus groß ist."

Tatsächlich stellen die viele Zentner schweren Raketen, die Atombomben über größte Entfernungen hinweg transportieren und an ihr Ziel bringen, eine unheimliche Waffe in einem zukünftigen Krieg dar. Die Folgen der Anwendung dieser Waffe schildert Johannes mit den Worten:

„Die große Stadt zerfiel in drei Teile, die Städte der Heiden stürzten ein, und des großen Babylons wurde vor Gott gedacht, ihm den Becher des Zornweins seines Grimms darzureichen.“

In einer weltweiten Auseinandersetzung zwischen Rußland bzw. China und den USA würden unter den „Städten der Heiden“ die Großstädte im kommunistischen Herrschaftsbereich zu verstehen sein. Das „große Babylon“ aber ist eine Weltstadt von einmaliger Bedeutung, mit der keine andere Hauptstadt verglichen werden kann. War dies zur Zeit des Johannes noch die Stadt Rom, so kann in der Gegenwart wohl nur New York gemeint sein.

Tatsächlich würde sich ein sowjetischer Raketenüberfall gewiß am ersten gegen diese verwundbare Achillesferse der USA richten. Auch die „große Stadt“ des israelitischen Reiches – Jerusalem – zerfällt in drei Teile. Dies könnte allerdings auch schon durch einfachen Raketenbeschuß – ohne Einwirkung von Atomwaffen – geschehen.

Die von J e a n e D i x o n prophezeiten Leiden der Millionen gelber Soldaten, die durch die alliierten Atomraketen getötet werden, rufen die Pest hervor. Die Millionen der großen Fernost-Armee, die in Palästina eintreffen, werden so geschwächt sein, daß sie von den westlichen Truppen leicht bezwungen werden können.

Der Oberbefehlshaber in Rom erringt schließlich mit Hilfe der Kriegsunterstützung durch ganz Europa den Sieg. Er wird als Retter der Welt gefeiert.

Die Gesichte von Jeane Dixon werden nach dem Jahre 2020 undeutlich. Sie kann keine volle Klarheit mehr über das darauffolgende Weltgeschehen gewinnen. Sie sieht jedoch, daß die Weltbevölkerung, die um Abermillionen dezimiert wurde, langsam wieder ansteigt. Aber ein Übervölkerungsproblem wird es nicht mehr geben. Eine neue friedliche und harmonische, vom Geistigen her bestimmte Welt kristallisiert sich allmählich heraus.

Um das Jahr 2050 werden die Schleier der letzten Lebensgeheimnisse fallen. Das Weltall kann erst jetzt wirklich entdeckt, erobert und von Menschen kolonisiert und besiedelt werden.

Wem die Ausblicke auf die kommenden fünfzig Jahre unwahrscheinlich vorkommen, der möge bedenken, mit welcher Schnelligkeit die Entwicklung zum Guten wie zum Bösen seit einigen Jahrzehnten voranschreitet.

50.000 Jahre lang konnte der Mensch sich nicht schneller fortbewegen, als ihn die Füße, ein Tier oder ein Boot vorantrugen. Seit der ersten Anwendung der Dampfkraft im Verkehr im vorigen Jahrhundert wird bei Weltraumflügen heute eine Stundengeschwindigkeit von über 30.000 Kilometern erreicht.

Nur rund zwanzig Jahre nach dem Ersten Weltkrieg brach der noch schrecklichere Zweite Weltkrieg aus. Es scheint, daß die Menschheit noch drei weitere Kriege über sich ergehen lassen muß, bis sie für ein weltweites Friedensreich geläutert sein wird.

Prophezeiungen über Weltereignisse – seien wir uns dessen bewußt – gehen nur dann in Erfüllung, wenn die Bedingungen, die allein ihre Verwirklichung ermöglichen, keine Wandlungen erleben.

„Der alttestamentarische Prophet Jonas erfüllte Gottes Willen und ging in die große Stadt Ninive, um dort in den Straßen zu predigen: ‚Es sind noch vierzig Tage, so wird Ninive untergehen!' Der König und das Volk von Ninive taten Buße. So ging das angekündigte Unheil vorüber."

Die moderne Welt erlebt den religiösen und moralischen Niedergang. Das Neue daran ist der erschreckende Triumph der zerstörerischen Kräfte innerhalb der menschlichen Natur, die gegenwärtig alle Werte der Vergangenheit umstürzen und zum Angriff auf die Geschichte selbst angetreten sind.

## Bestätigungen durch den Mystiker Jakob Lorber

Der österreichische Mystiker L o r b e r schrieb Mitte des vorigen Jahrhunderts in seinem Buch *Die zwölf Stunden* über die Verflechtung des Schicksals Japans mit dem in Perioden ablaufenden dritten Kriegsgeschehen des 20. Jahrhunderts:

„Nicht lange mehr, und es naht der vernichtende Moment auch für Japan. Wenn ihr hören werdet, daß diese Monarchie preisgegeben wird fremden Völkern, so wisset, daß das Ende der Dinge nicht mehr fern ist . . .“

Der Forscher M. Kahir kommentiert diese Prophezeiung Lorbers aus dem Jahre 1850 in seinem bereits zitierten Werk *Nahe an zweitausend Jahre:*

„Japan – Hiroshima – erste Atombombe – Fanal und Beginn der Endzeit! Zwei Weltkriege als Vorläufer, aber auch schon als Teile des Endgerichts genügten nicht, um der Menschheit die Augen zu öffnen, wohin ihr Weg ohne Gott und ohne Liebe führt. Wird es zu einem dritten, letzten Weltkrieg kommen, der das widergöttliche Tun krönt und ‚das Maß voll macht‘?

Es muß nicht unbedingt ein militärischer Krieg sein, von dem diese Weissagung spricht. Wohl aber wird es ein Geschehen sein, das weltumspannend ist und alle Bewohner der Erde sichten und richten wird.“

Über dieses dritte Geschehen prophezeit Jakob Lorber in seinem Buch *Die Jugend Jesu* (Lorber-Verlag, Bietigheim):

„Ein mächtiges Feuer aus der Höhe wird kommen über die Gebeine der Frevler und wird sie verzehren zu Staub und Asche.

Der Herr aber wird dreimal um die Brandstätte der Welt ziehen, und es wird ihn niemand fragen: ‚Herr, was tust du?‘ Und beim dritten Male erst soll der letzte Strahl des Zornes von der Erde genommen werden!“

Für die unmittelbare Zukunft sieht Kahir die Ausgießung der sechsten Zornesschale der Apokalypse auf den großen Euphratstrom, so daß sein Wasser vertrocknet: „Der schöpferische geistige Lebensstrom der Menschheit (Befruchter der Wüste), das allgemeine Kulturschaffen, wird spärlich und versiegt. Weltuntergangsstimmung, die für das Neue bereit machen soll.

Aus dem Maul des Drachen (Luzifer), des Tieres (der Herrschsucht) und des falschen Propheten (dem Weltkommunismus) kommen unreine Geister hervor: heimtückische Propaganda, die die eigenen Verbrechen den Gegnern anzulasten versucht. Die gehen zu den Führenden der ganzen Welt, um sie zum Kampf zu sammeln, sie spannen ihr geheimes Netz über die ganze Erde, um den Entscheidungskampf zu organisieren.“

In der Schrift *Gericht als Barmherzigkeitsakt Gottes* (Wiesbaden) heißt es über die drei großen Kriegsereignisse in symbolischer Sprache:

„ . . . Die Menschheit wird sich bald erzürnen, sich über die Wirrnisse erheben und sie alle zerschlagen. Freilich kommt dadurch die ärgste Zeit: denn gesetzeslos kann die Erde nicht bestehen, und viele Menschen werden sich wie wilde Tiere tummeln.

Vordem weht ein Rauch dahin und hüllt die Erde *dreimal* ein. Wenn er vorüber ist, werden viele nicht mehr sein, denn das Endgericht ist angebrochen. Es werden Schreckensfeuer brennen, wie Johannes es verkündete . . .

Der *Rauch,* die Erde dreimal treffend, ist furchtbares Morden und ein Blutgericht . . . Der Weltkinder Bosheit zündet diese Brände an, daraus erstickender Rauch aufquirlt. Vollständige *geistige Armut,* verbunden mit Krankheit und Übeln aller Art, sind das zweite Wehen. Das Dritte kommt aus einer *Wissenschaft, die die letzte Hölle auf die Erde wirft* . . .

Der dreifache Rauch ist noch nicht vorüber, wenn das *Zornesfeuer* flammt . . . Die letzten Höllengeister sind die Jäger. Doch auch ein natürliches Feuer wird an vielen Orten wüten . . . Die Erde stößt es von sich, und Blitze, wie sie nie gesehen wurden, fahren vom Firmament auf Menschenwerke nieder . . . *Vier Fluten* treten auf: Mord, teure Zeit, Pestilenz und Tod. Aus denen gehen Plagen aller Art hervor . . . Der Menschheit schlimmster Feind ist die fast erzwungene *Glaubenslosigkeit* bis zur Ausrottung der Religion . . .

Selbst ihre abermalige Erhebung, Volk wider Volk, bringt nichts als schwere Verwüstungen, geistig wie irdisch. Auch der Erdboden wird sich an vielen Orten spalten, und die *elementaren Geister* des Feuers, des Wassers, der Erde und der Luft machen manches Menschenwerk zunichte . . .

Vor diesem Gericht bleibt jede Anstrengung zum *Frieden* der Völker erfolglos. Was sich ab und zu als Scheinerfolg zeigt, ist weitaus das Gegenteil, weil im gegenseitigen Mißtrauen in Wahrheit niemand an Frieden denkt, den aufzurichten einer dem anderen verspricht."

# 15. Das Schicksal des Papstes im Dritten Weltkrieg

*Flucht aus Rom · Tedeum zu Köln · 21. Konzil nach dem Kriege · Erneuerung des Christentums · Verheißung des Weltfriedens*

## „Nur noch vier Päpste nach Paul VI ..."

Bereits in der jahrhundertealten Prophezeiung von der apokalyptischen „Schlacht am Birkenbaum" heißt es wörtlich: „Vor der großen Umänderung und der gänzlichen Erneuerung der Kirche wird der Papststuhl eine kurze Zeit ledig stehen."

Ein halbes Jahrtausend früher verfaßte der heilige Malachias (1094 bis 1148) seine Weissagung über die Päpste, derzufolge es nach Paul VI., dem 109. Papst, nur noch vier weitere Stellvertreter Christi in Rom geben werde. Das ihm zugeschriebene „Papstregister" ist die älteste uns bekannte Prophezeiung über die Geschichte des Papsttums.

Über den letzten der römischen Päpste, Petrus II. Romanus, heißt es im Malachiastext:

„Während der letzten Verfolgung der Heiligen Römischen Kirche wird Petrus II. aus Rom regieren. Er wird die Herde unter vielen Bedrängnissen weiden. Danach wird die Siebenhügelstadt zerstört werden, und der furchtbare Richter wird sein Volk richten."

Als Nachfolger Pauls VI. wird ein Papst mit der Devise „Vom Halbmond" (De medietate lunae) bezeichnet, dem die Päpste „Von der Sonnenfinsternis" (De labore solis) und „Glorie des Ölbaums"

(Gloria olivae) folgen sollen. Schon die Tatsache, daß die stattliche Reihe der römischen Päpste überhaupt als Institution ein Ende nehmen soll, läßt für die nahe Zukunft außerordentliche religiöse und weltpolitische Ereignisse erwarten.

Das Schicksal des Nachfolgers Papst Paul VI., der unter die Devise gestellt ist „Vom Halbmond“, könnte mit dem Dritten Weltkrieg verknüpft sein, in dem – wie anhand anderer Prophezeiungen schon in früheren Kapiteln dargelegt wurde – Völker aus dem Süden der Sowjetunion die Stoßarmeen gegen Westeuropa abgeben. Die Invasion dieser islamischen „Halbmondvölker“ soll jedoch allen vorliegenden Prophezeiungen zufolge überwiegend am Rhein abgeschlagen werden. Im Zusammenhang mit der großen Schlacht im Raum von Köln, der „Türkenschlacht“, steht auch Alois Irlmaiers (bereits zitierte) mysteriöse Prophezeiung:

„Ich sehe einen Halbmond, dessen Enden sich schließen wollen. Was das zu bedeuten hat, weiß ich nicht.“

In Köln soll der Papst, aus der Emigration zurückgekehrt, das große Tedeum des Sieges feiern.

## Flucht des Papstes aus Rom und Rückkehr

Über den Papst, der bei Ausbruch des Dritten Weltkriegs in Rom waltet und bei dem es sich um den Nachfolger Pauls VI. handeln müßte, heißt es in Zusammenhang mit großen Kriegsereignissen bei Nostradamus:

„Der große Hund wird die ganze Nacht hindurch heulen, wenn der Papst das Land verlassen wird.“ (2,41)

In der schlichten Sprache des Handwerkers faßte Alois Irlmaier seine Papstvisionen in die Worte:

„Im Stiefelland (Italien) bricht eine Revolution aus, und alle Geistlichen, auch weißhaarige Greise, stehen in Gefahr, ermordet zu werden. Ich sehe hinter dem Heiligen Vater ein bluttriefendes Messer. Aber dem Papst gelingt in letzter Minute die Flucht – nach Südosten oder übers große Wasser.“

Danach würde der Papst zunächst vielleicht nach Griechenland fliehen, um von dort aus irgendwo über dem großen Meer in Sicherheit gebracht zu werden.

Der Vorarlberger Hellseher F r a n z K u g e l b e e r aus Lochau sagte bereits 1922 voraus:

„Mord in Rom. Hohe Berge von Leichen von Geistlichen und Bürgern. Der Papst flieht mit zwei Kirchenfürsten auf zwei Nebenstraßen zu einer alten Kutsche, und in ihr über Genua in die Schweiz."

Der zweite Teil dieser Prophezeiung Kugelbeers deckt sich dann wieder vollinhaltlich mit den Gesichten Irlmaiers:

„Später kommt er und salbt im Dom einen neuen Kaiser. Tedeum unter dem Jubel des Volkes."

A l o i s I r l m a i e r kleidete das Geschehen in die Worte:

„Der Papst, der nicht lange flüchten mußte übers Wasser, kehrt zurück. Hiernach wird er die Krönung feiern. Tedeum in Köln. Drei Kronen blitzen, und ein hagerer Greis wird unser König. Auch die uralte Krone im Süden kommt wieder zu Ehren."

Diese Aussage Irlmaiers stimmt überein mit dem, was Rembold, der S p i e l b e r n d , (1689 bis 1783) prophezeite:

„Nach dem schrecklichen Krieg wird sich das Deutsche Reich einen Bauern zum König wählen. Der nach ihm kommt . . . wird römischer Kaiser heißen."

Der neue Kaiser werde „der Welt" den langersehnten Frieden geben.

Bei N o s t r a d a m u s (6,24) liest sich das so:

„Mars und der Weltherrscher stehen in Konjunktion, unter Krebs unheilvoller Krieg. Kurze Zeit später wird der neue Herrscher gekrönt, der dem Land für lange Zeit den Frieden geben wird."

Wie die Botschaft dem künftigen Herrscher nach der verheerenden Kriegskatastrophe überbracht wird, läßt sich gleichfalls mit Nostradamus etwa wie folgt sehen:

„An unwirtlichem Wege, der stumm und verlassen liegt, befindet sich eine Höhle neben der anderen. Nur krumme Ginsterbüsche wachsen dort. Mit Hilfe einer Abbildung des Kaisers entdeckt man den Phönix, d. h. den Nachfolger auf dem Thron."

## „Preis dem 21. Konzil!"

Über die letzte Zeit, die der Flucht und Wiederkehr des dann regierenden Papstes vorangeht, sagte Melanie Matthieu von La Salette im 19. Jahrhundert:

„Wenn die großen Naturkatastrophen hereinbrechen, wird die Ewige Stadt Rom zum Sitz des Antichristen werden."

Nach Verlassen der Ewigen Stadt durch den Heiligen Vater tobt sich dort nach den Gesichten dieser Seherin eine Zeitlang die Zerstörungswut und Mordgier des antichristlichen Geistes aus. Zahlreiche Kirchen werden dabei zerstört.

Auch warnt sie: Der Papst möge sich vor den Wundertätern hüten; denn die Zeit sei gekommen, in der sich die erstaunlichsten Wunder auf der Erde und in der Luft ereignen werden. Es werde Kirchen geben, die „im Dienste böser Geister" stehen.

Der Stellvertreter des Gottessohnes werde viel leiden müssen. Denn „eine Zeitlang wird die Kirche großen Verfolgungen ausgesetzt sein; die Kirche wird in eine schreckliche Krise geraten".

Die Augustinernonne Anna Katharina Emmerich sah im 19. Jahrhundert in ihren Visionen über die Zeit der schweren Prüfungen:

„Ich sah sehr viele Greuel ganz im einzelnen, erkannte Rom und sah die Bedrängnis der Kirche und ihr Sinken von innen und außen.

Ich sah nun aus mehreren Gegenden große Scharen gegen einen Punkt hinströmen und alles im Kampf. Ich sah in der Mitte zwischen ihnen einen großen schwarzen Fleck wie ein ungeheures Loch, und die Kämpfenden um dasselbe immer dünner werden, als stürzten sie ganz unvermerkt hinein . . ."

Während des Streites verschwand eine ganze Stadt. Gleichzeitig wurden in verschiedenen Ländern zwölf neue Apostel zur geistigen Erneuerung der Kirche berufen.

„Ich sah über der klein gewordenen Kirche eine herrliche Frau in weit ausgebreitetem himmelblauen Mantel mit einer Sternenkrone auf dem Haupt. Von ihr aus ging das Licht und drang immer weiter in die trübe Finsternis . . . Es blühte nun alles wieder auf.

Ich sah einen neuen, strengen Papst und den schwarzen Abgrund immer enger werden . . ." (Aus *Visionen,* Paul-Pattloch-Verlag, Aschaffenburg).

Eine Prophezeiung aus der Zeit um 1850 spricht von der weltweiten Erneuerungsaufgabe des 21. Konzils nach Beendigung des großen Krieges.

# 16. Das Ende der Kriege und das Zeitalter des Friedens

*An der Schwelle des dritten Jahrtausends · Nach dem Weltringen religiöse Erneuerung und Weltfrieden · Eine tibetanische Heilsbotschaft · Die Prognosen des Edgar Cayce*

## Prophezeiungen über das Ende des Weltringens

Die Voraussagen, die über die zeitliche Dauer des dritten großen Völkerringens gemacht worden sind, bleiben recht unbestimmt. Bei der Mehrzahl der Hellseher finden sich keine genauen Zahlenangaben. Der weltumspannende Verlauf eines solchen Ringens ließe jedenfalls einen mehrere Jahre währenden Krieg erwarten. Bestimmtere Aussagen liegen über das Ende der Kriege vor.

Der 1945 verstorbene amerikanische Seher und Prophet Edgar Cayce stellte das Jahr 1998 als Wendepunkt in der Menschheitsgeschichte heraus. Dann sei das „Ende der Kriege" gekommen, und es breche ein neues Zeitalter des Friedens an.

Nach den Visionen Jeane Dixons, die übrigens u. a. vom sowjetischen Fernsehen interviewt wurde, wäre das Ende des großen Völkerringens – des Dritten Weltkriegs unter Einschluß eines atomaren Vernichtungskrieges – erst um 2020 anzusetzen.

Der bayerische Brunnenbauer und Prophet Alois Irlmaier stellte in diesem Zusammenhang die Zahl drei heraus; später, kurz vor seinem Tode (1959), soll er sich wie folgt geäußert haben:

„Der dritte Mord ist geschehen, und der Krieg ist aus. Wie lang es dauert, weiß ich nicht. Ich sehe drei Neuner. Der dritte Neuner bringt den Frieden."

Der zeitlich späteren Aussage ist zweifellos die größere Bedeutung beizumessen. Als Irlmaier in seinem Todesjahr nach seinen Voraussagen über den Dritten Weltkrieg gefragt wurde, antwortete er: „Es hat sich nicht das Geringste daran geändert. Nur, weil es nähergerückt ist, sehe ich es viel deutlicher."

Die einfachste Deutung wäre, daß die drei Neuner dreimal den Monat September bedeuten, in dem jeweils ein entscheidendes Ereignis eintritt. Das würde auf eine Kriegsdauer von rund drei Jahren schließen lassen, die auch durch seine Worte „Ich sehe einen Dreier" unterstrichen werden. Mit einem drei Tage oder drei Monate währenden Krieg ist wohl kaum zu rechnen. Sind es drei Jahre? Oder dreimal neun Jahre?

Die drei Neuner Irlmaiers – 999 – könnten aber auch die in der *Apokalypse* erwähnte Zahl 666 sein, die in den Visionen des Hellsehers auf den Kopf gestellt erschien (das ist ein jedem Parapsychologen bekanntes Phänomen, das bei hellseherischen Leistungen häufig auftritt). Über die Bedeutung der rätselhaften biblischen Zahl 666 haben sich seit Jahrhunderten die Kirchenmänner und Forscher den Kopf zerbrochen.

Das Jahr 2000 steht seit Jahrhunderten, ja seit Begründung des Christentums, im Mittelpunkt der Prophezeiungen über die Endzeit. Um 135 n. Chr. verkündete der Verfasser des Barnabas-Briefes, daß innerhalb von 6000 Jahren Gott alles vollenden werde. Auch Thomas von Aquin äußerte sich ähnlich. Dabei wurden viertausend Jahre bis zur Ankunft Christi und zweitausend Jahre bis zum Weltende gerechnet. So hat sich auch Luther geäußert. Und Melanchthon unternahm sogar den Versuch einer wissenschaftlichen Begründung.

In seinem Werk *Das apokalyptische Jahrhundert* versucht Augustinus Quack das Geheimnis der Zahl 666 zu lösen und kommt auf 1998 als die Endzeit der Apokalypse. Diese Zahl finden wir auch in der Geschichtsprophetie der Cheopspyramide, bei Nostradamus und bei Hellsehern der Gegenwart (z. B. Edgar Cayce).

„Wenn der Markustag auf Ostern fällt (1998!), ist eine neue Katastrophe zu erwarten. Zuletzt war das am 25. April 1943 der Fall." (Aus *Prophezeiungen*, veröffentlicht von P. Frumentius Renner OSB, Missionsblätter Münsterschwarzbach 1953.)

Die Gänge der Cheopspyramide enthalten Zahlen und Zeichen, die wichtige Ereignisse über Jahrtausende hinweg markieren, von der adamitischen bis zur christlichen Zeit. Hierbei wurde durch genaue Messungen der Durchschnittspunkte von Decken- oder Bogengraden, Achsenkreuzungen und vieler anderer baukunstlicher Einzelheiten festgestellt, daß die Periode unseres 20. Jahrhunderts – die der Technologie und dem Materialismus entspricht – dem Ende der großen Galerie, die das christliche Zeitalter versinnbildlicht, gleichkommt. Hier sinkt die Decke plötzlich bis zum ersten niederen Gang herab und bezeichnet somit einen Zusammenbruch.

Die über die Jahrtausende hingehenden Prophezeiungen der Pyramidengänge enden bei der Zahl 2001. Die letzte davor eingemeißelte Zahl ist 1953.

In der schon erwähnten Papst-Prophezeiung, die er im Jahre 1139 in Rom niedergelegt haben soll, hat der heilige Malachias einen Hinweis auf den letzten Papst, Petrus Romanus II., gegeben, mit dem 1992, also kurz vor dem Jahre 2000, die Geschichte der Papstkirche enden soll. Die durchschnittliche Regierungszeit der 105 von 1143 bis 1939 herrschenden Päpste betrug 7,6 Jahre. Wenn die gleiche Amtszeit für die letzten sieben Päpste der Malachias-Weissagung eingesetzt wird, kommt man auf das genannte Jahr 1992. Wie es dann bestellt sein wird, ersehen wir aus dem (bereits zitierten) Malachiatext: „Während der letzten Verfolgung der Heiligen Römischen Kirche wird Petrus II. aus Rom regieren. Er wird die Herde in vieler Trübsal weiden. Danach wird die Siebenhügelstadt zerstört werden, und der furchtbare Richter wird sein Volk richten."

In der *Apokalypse* (9,5) ist die Rede von – symbolisch aufzufassenden – Heuschrecken, die fünf Monate lang den Menschen peinigen würden. Augustinus Quack gibt hierzu folgende Deutung:

„Und worin besteht diese Qual? In einer Beraubung und Knechtung der persönlichen Freiheit, der freien Betätigung, der freien Verfügung über das Eigentum, des freien wirtschaftlichen und geistigen Schaffens. Ferner werden diese Menschen ihrer Existenz beraubt, bekämpft, geschädigt, ausgewiesen, in Konzentrationslager (und Irrenhäuser) gebracht usw.

Der Höhepunkt dieser Qual dauert fünf Monate, das sind, mit der mysteriösen Zahl der Offenbarung 666 berechnet, siebeneinhalb Jahre."

In der Offenbarung 9,6, also im nächsten Vers, heißt es: „In jenen Tagen werden die Menschen den Tod suchen, aber ihn nicht finden; ja, sie werden zu sterben verlangen, aber der Tod flieht vor ihnen."

Bei dieser „fünften Posaune" handelt es sich wahrscheinlich nicht um einen Krieg, sondern um noch niemals in dieser Größe dagewesene Revolutionen bei mehreren Völkern, deren Führung in einer Hand oder in wenigen Händen liegt.

Für die Zeit von „nahezu 2000 Jahren" nach Christi Geburt sagte auch der österreichische Mystiker Jakob Lorber um 1840 große Katastrophen voraus. Eine genauere Datierung des Schrekkensendes findet sich bei ihm nicht.

Drei Jahre und fünf Monate soll das Ringen zwischen West und Ost dem *Testament eines fliehenden Papstes* (1701) zufolge anhalten. Der Krieg wird seinen Höhepunkt erreichen, wenn die Kirschen zum drittenmal blühen.

Die drei Zeiten und eine halbe Zeit treten in Zusammenhang mit den Voraussagen von einem Krieg, der nur der Dritte Weltkrieg sein kann, in einer byzantinischen Weissagung aus dem 8. Jahrhundert auf.

In der berühmten *Prophezeiung von Orval* findet sich in Zusammenhang mit dem vorausgesagten „Jahrhundert des Endes“ eine Zeitangabe für den Höhepunkt einer Kriegskatastrophe von drei Jahren und drei Monaten (Addition der beiden Zahlangaben von eineinhalb Jahren und einem Jahr und acht Monaten).

In der Weissagung des Mönches Hepidan (St. Gallen) aus dem Jahre 1084 heißt es:

„Von Osten her weht ein Sturm, und aus Westen heult der Wind: wehe allem, das in den Bereich dieses furchtbaren Wirbels gerät. Tausendjährige Herrschersitze werden herabsinken aus ihrer Höhe, gleichwie der Wirbelwind das Strohdach der Hütte fortführt.“

Analog zu Mühlhiasls Prophezeiung heißt es dann weiter: „Zwischen dem Rhein und der Donau wird ein weites Leichenfeld sich ausdehnen, eine Landschaft der Raben und Geier. Und wenn dereinst wieder der Landmann seinen Samen ausstreuen wird und dieser emporkeimt, Ähren tragend und Früchte, dann wird jeder Halm in einem Menschenherzen stehen und jede Ähre in eines Menschen Brust ihre Wurzel haben.“

## Nach der Katastrophe des großen Krieges: Weltfrieden

Wir schilderten den Aufmarsch des Ostens gegen den Westen und den Verlauf des Dritten Weltkrieges. Doch was wird nachher sein?

Auch darauf geben die Prophezeiungen Antwort.

Die Sowjetunion und die USA – so sagen die Prognosen – sind so geschwächt, daß sie keine Supermächte mehr darstellen. Die Überlebenden der großen Katastrophe versuchen, ein neues Friedensreich zu gründen.

Doch wird es möglicherweise vorher noch die von Jeane Dixon prophezeiten und bereits geschilderten Atomkriege der USA mit der Sowjetunion und der Volksrepublik China geben, so daß das große Friedensreich der Zukunft erst in den dreißiger Jahren des 21. Jahrhunderts anbrechen könnte.

In der UdSSR, die im Verlauf des Dritten Weltkrieges einen Teil Sibiriens an China verloren hat, führt der Ausbruch einer Revolution zum Bürgerkrieg.

„Im Osten geht es wild her, aber das Kreuz kommt wieder zu Ehren" (Irlmaier). Schon 1932 prophezeite Edgar Cayce, daß „durch Rußlands religiöse Entwicklung die große Hoffnung der Welt kommen wird". Cayce sah für das Ende dieses Jahrhunderts die Christianisierung der Sowjetunion voraus. Offenbar wird die Herrschaft des Kommunismus zusammenbrechen. Der christliche Glaube wird im „anderen Rußland" wieder auferstehen.

Weitere Prognosen Irlmaiers: Mit Hilfe der Amerikaner werden Deutschland und Polen wieder vollkommen frei. Frankreich sei nur vorübergehend kommunistisch. Finnland bleibe weiterhin unter starkem russischem Einfluß. Englands Großmachtstellung sei für allezeit dahin.

Der in letzter Minute vor dem kommunistischen Aufstand aus Italien über das große Wasser geflohene Papst kehre nach Europa zurück. Im Dom zu Köln werde er das große Tedeum feiern. Er werde einen Herrscher von Ungarn, von Österreich und von Deutschland krönen.

Nach dem Kriege sieht Alois Irlmaier „drei Kronen blitzen". Ein hagerer Greis werde deutscher Herrscher.

Ähnliches prophezeite bereits Bernhard Rembold, der Spielbernd, der von 1689 bis 1783 lebte. In seiner 1756 erstmals aufgezeichneten Prophetie kündigte er nach Schilderung von Weltkrieg und Blutzeit und der „fürchterlichen Schlacht um die heilige Stadt Köln" die Wahl eines Bauern zum Kaiser des Deutschen Reiches an.

„Der wird ein Jahr und einen Tag regieren. Der nach ihm die Krone trägt, wird der Mann sein, auf den die Welt lange gehofft hat. Er wird römischer Kaiser heißen und der Menschheit Frieden geben. Und darnach wird eine gute und glückliche Zeit sein."

„Die Gesetze, die den Kindern den Tod bringen, werden ungültig nach der Abräumung“ (Irlmaier).

Auch das prophetische Bettelweib Katharina Leistnerin (die Geißen-Käther), die im Schwarzwald lebte und 1831 starb, sagte außer dem Ausbruch eines Krieges im Jahre 1940 voraus:

„Deutschland wird (nachher) größer denn je unter einem Bauernkaiser.“

„Wenn die Welt abgeräumt ist“, verkündete der Waldprophet Mühlhiasl aus Bayern, „kommt eine schöne Zeit. Große Glaubensprediger stehen auf und heilige Männer, die Wunder tun. Und die Leute glauben wieder.“

Die Leute würden dorthin gehen, wo eine Wüste entstanden sei. Jeder könne soviel Land umsonst erhalten, wie er zu bebauen in der Lage sei ...

Die Prophezeiung vom Großen Monarchen oder Kaiser der Endzeit, der ein neues Goldenes Zeitalter des Friedens bringe, gehört seit Jahrhunderten zum eisernen Bestand der abendländischen Prophetie. Angeblich geht diese Erwartung auf ein morgenländisches Vorbild zurück.

Die *Weissagung vom Großen Monarchen* verkündete Bartholomäus Holzhauser (1613–1658). Aber bereits im 15. Jahrhundert beschrieb der 1438 geborene oberrheinische Revolutionär, dessen Name unbekannt blieb, in den Wendungen der Kaiserprophetien des 13. und 14. Jahrhunderts den Endkaiser:

„Es wird ein weißer Adler kommen von Mitternacht in alle Land, das ist aus dem gnadenreichen Land des Herzens Europas, das ist zwischen Bingen und Basel.“

Der Große Monarch ist nach den Prophezeiungen einmal deutscher, dann wieder französischer Abstammung.

Die Seherin und Mystikerin Anna Katharina Emmerich erlebte 1823 in einer Vision einen Retter und Erneuerer der Kirche: einen „kleinen Mann, der etwas Jüdisches im Gesicht hatte“, der das ganze, weitgehend zerbrochene Kirchenschiff trug.

Diesem neuen „heiligen Franziskus" kamen dann die zwölf neuen Apostel zu Hilfe, die schließlich das Schiff der Kirche vor dem Untergang bewahrten. Als Träger des neuen Geistes sah Katharina Emmerich die Wiederbegründer der Kirche aus allen Völkern zusammenkommen.

Die Kirche sei jedoch, so sagte sie, nach der Kriegskatastrophe eine so kleingewordene Ruine, daß ihr Bau auf den Fundamenten wieder ganz neu errichtet werden müsse.

In der Großen Prophezeiung der Melanie Matthieu von La Salette finden sich zum Schluß die Worte:

„Durch den Hauch des Erzengels Michael wird der ‚König der Finsternisse' gestürzt werden. Er wird fallen. Die Erde, seit drei Tagen in fortwährenden Zuckungen, wird ihren feurigen Schoß öffnen. Er wird mit den Seinen für immer im feurigen Schoß der Hölle versenkt werden.

Alsdann werden Wasser und Feuer die Erde reinigen und alle Werke der Menschen verschlingen. Alles wird wieder neu. Nun wird man Gott dienen und ihn verherrlichen."

Auf dem Berg von La Salette wurde auch folgendes versprochen, was eine Umkehr der Menschheit auf ihrem rücksichtslos begangenen Katastrophenweg und eine weltweite geistig-religiöse Erneuerung nahelegt:

„Durch die Lieblosigkeit, die Ungerechtigkeit, die Ausbeutung des Nächsten und der Natur wird die Erde verderben und ihre Fruchtbarkeit einbüßen. Aber sie wird in Segensfülle erblühen und Frucht tragen, wenn der Mensch umkehren und Gott dienen wird!"

Nach der „Reinigung der Erde und der Menschheit" hebt dann die glückliche Friedenszeit an.

Eine der ältesten nachbiblischen Weissagungen über ein tausendjähriges Friedensreich auf Erden nach furchtbaren Kriegs- und Naturereignissen stammt von Lactantius, dem schon erwähnten Lehrer der Rhetorik unter den Kaisern Diokletian und Konstantin dem Großen.

Durch die Jahrhunderte und Jahrtausende, von den Propheten des Alten Testaments, den Wahrsagern des Zweistromlandes, den Sibyllen, den Sehern des Neuen Testaments bis zu denen Europas im Mittelalter und in der Neuzeit, erlaubt eine vergleichende Betrachtung den Hinweis auf eine einzige große Prophezeiung. Ihr Hauptbestandteil sind schreckliche Kriege und danach das Heraufkommen eines Friedensreiches.

In ihren Visionen erkannte die Seherin Anna Katharina Emmerich, daß die Prophezeiungen aller Zeiten und Religionen ihren Ursprung und ihre Aufbewahrungsstätte auf dem Prophetenberg in einem nur mystischer Schau zugänglichen lamaistischen Kloster im Himalaja haben sollen. Dort sei der geistige Mittelpunkt der Welt, von dem auch die Hellseher unserer Tage ihre Inspiration empfangen würden. Und dort werde auch die Neue Offenbarung für die Menschheit der Zukunft in einem weltumspannenden Friedensreich vorbereitet.

## Die Heilsbotschaft des Smaragdsterns

Viele Jahrtausende alte tibetanische Prophezeiungen sprechen von der Heilsbotschaft, die ein neuer Stern verkünden werde, wenn der letzte große Krieg vorüber sei.

Mitten in dem schrecklichen Geschehen eines ungeheuren Weltbrandes werde sich auf Erden eine gewaltige Veränderung vorbereiten. An diesem Krieg würden sich die Völker der gesamten Welt beteiligen. Das große „unsichtbare Band" – das uralte Wahrzeichen kosmischer Strafe, das auch Anna Katharina Emmerich in einer Kriegsvision sah – werde über der Welt erscheinen und alle treffen, die Verrat geübt haben.

Während noch gekämpft werde, bereiten sich – weiterhin diesen tibetanischen Weissagungen zufolge – große Kräfte der übersinnlichen Welt darauf vor, alle diejenigen Menschen auf der Erde auszulöschen, die nicht würdig seien, den Abglanz des großen Lichtes zu empfangen. Auf diese Weise werde das in uralter Zeit verlorengegangene Gleichgewicht wiederhergestellt. Denn wenn Völker oder Kontinente die geistigen Prinzipien preisgeben und ausschließlich irdischem Besitz und Genuß nachstreben, zerstören sie am Ende in großen Kriegen das, was sie bis dahin als ihren höchsten Lebenswert betrachteten.

Wenn aber Millionen Menschen ihren physischen Leib verloren hätten, würden die Überlebenden empfänglich für das höhere Licht und zeigten sich imstande, den Auftrag auszuführen, die neue Erde als geistiges Friedensreich aufzubauen.

Sobald der Wandel auf Erden eingetreten und die furchtbare Menschheitskatastrophe vorüber sei, werde als Verkünder neuen Heils und Abglanz des großen ewigen Lichtes der Smaragdstern am Himmel erscheinen. Alle Lebenden würden dann die Gewißheit empfangen, daß die Gerechtigkeit auf Erden wiederhergestellt ist. Der Abstieg der Menschheit sei dann beendet, und der Wiederaufstieg zu den Höhen, von denen der Mensch einstmals kam, werde beginnen.

Im neuen Zeitalter der großen Verwandlung werde der Smaragdstern an Größe und Helligkeit zunehmen und ständig am Himmel sichtbar bleiben – der Menschheit für alle Zukunft ein Zeichen der Hoffnung und des Vertrauens.

## Prognosen der Hoffnung des „schlafenden Propheten“

Einer der größten Seher dieses Jahrhunderts ist der inzwischen weltberühmte amerikanische Hellseher Edgar Cayce, der „schlafende Prophet“.

Der „wache“ Edgar Cayce war ein einfacher Mann wie jeder andere – Berufsfotograf, Sonntag-Schullehrer und Familienvater. Der „schlafende“ Edgar Cayce war ein ärztlicher Diagnostiker ersten Ranges. Er, der nie Arzt war, stellte Diagnosen und gab Heilungsempfehlungen, deren Richtigkeit sich teilweise erst in heutiger Zeit erweist. Er, der nie Psychologe war, erkannte in

Trance die psychischen Hintergründe von Traumerlebnissen, analysierte und deutete sie mit Resultaten, die sich in den modernen Traumlaboratorien unserer Zeit bestätigen. Und er, der als frommer Mensch und überzeugter Christ abergläubischen Vorstellungen fernstand, sah in Trance unbekannte Ereignisse der Vergangenheit und zukünftige Geschehnisse und Entwicklungen und berichtete über sie, als hätte er sie selbst erlebt.

Als Edgar Cayce am 3. Januar 1945 in Virginia Beach, Virginia, starb, hinterließ er über vierzehntausend beglaubigte stenografische Berichte über die telepathisch-hellseherischen Aussagen, die er während eines Zeitraumes von dreiundvierzig Jahren über mehr als achttausend verschiedene Menschen abgegeben hatte. Diese Dokumente sind bekannt unter der Bezeichnung „Readings“ (wörtlich Lesung, je nach Zusammenhang etwa Deutung, Diagnose, Prognose).

Diese Readings stellen einen der umfangreichsten und eindrucksvollsten Berichte über psychische Erfahrung dar, den man jemals von einem einzigen Menschen erhalten hat. Sie wurden zusammen mit den dazugehörigen Dokumenten, Briefen und Reports von der Association for Research and Enlightenment, Inc., Virginia Beach, Virginia (deutsch etwa: Gesellschaft zur Forschung und Aufklärung), geordnet und katalogisiert, um sie den zahlreichen Psychologen, Studenten, Schriftstellern und Forschern dienstbar zu machen, die sich mit ihnen beschäftigen wollen.

Über das Leben, Denken und Forschen des bedeutendsten Propheten der Gegenwart wurden zahlreiche Bücher geschrieben, deren Gesamtauflage die Millionengrenze längst überschritten hat. In den folgenden Ausführungen halten wir uns hauptsächlich an Jess Stearns faszinierendes Werk *Der schlafende Prophet – Prophezeiungen in Trance 1911 bis 1998,* erschienen beim Ramòn F. Keller Verlag Genf. (Im gleichen Verlag sind übrigens zwei weitere Werke über Edgar Cayce erschienen: M. E. Carters *Prophezeiungen in Trance des größten Propheten der Gegenwart* sowie Doktor H. H. Bros *Traumdeutungen des größten Propheten der Gegenwart.)*

Edgar Cayce, der „Mann mit den Röntgenaugen", ist ein Mystiker unserer Zeit und ein Phänomen der außersinnlichen Wahrnehmung. Seine parapsychischen Fähigkeiten reichten von der Telepathie und vom Hellsehen bis zur höchstentwickelten Gabe der Präkognition (Zukunftsschau, Vorauswissen). Er ist ein Phänomen, das heute Wissenschaftler aller möglichen Wissenszweige beschäftigt, vor allem – selbstverständlich – Psychologen und Parapsychologen. Aber noch wichtiger und beglückender ist am Leben und Werk dieses faszinierenden Mannes seine Botschaft des Friedens und des Heils. Tatsächlich war Edgar Cayce ein Verkünder des „Neuen Zeitalters". Oft nannte er dieses auch die „Große Fügung", den „Tag des Herrn" oder, wie er bisweilen sagte, das „Zeitalter der Erkenntnis". Es wird „das Ende der Welt von gestern" sein und einen gewaltigen Aufbruch der ganzen Menschheit bedeuten. Aber vorher würde die Menschheit, so weissagte Cayce, noch viele Prüfungen mitmachen müssen.

Ein Teil seiner Zukunftsprognosen für die Zeit nach seinem Tode bis heute ist ja bereits überprüfbar. Unerhört und unfaßbar, wie dieses Phänomen geologische Veränderungen aufspürte, die sich Jahre nach seinem Tod erst auswirkten. Unheimlich, mit welcher Präzision immer wieder Ereignisse eintraten, die er in ihren Entwicklungen nicht erahnen konnte und gleichwohl angekündigt hatte. Edgar Cayce weissagte exakt die Dauer des Zweiten Weltkrieges, den Tod zweier amtierender US-Präsidenten (Roosevelt und Kennedy), die großen Erdbeben von Chile und Peru, die amerikanischen Rassenunruhen, den Vietnam-Krieg, umwälzende politische Entwicklungen in der ganzen Welt und die weltweite Krise unserer Währungssysteme – unzählige Ereignisse „sah" er und berichtete über sie, als wäre ihre Zeit bereits gekommen.

Nicht weniger aufsehenerregend sind seine seherischen Aussagen über die Vergangenheit. Längst vor der Entdeckung der Kumran-Schriften vom Toten Meer, deren Entschlüsselung eine neue Epoche in der textkritischen Beschäftigung mit der Heiligen Schrift einleitete und auf die Geschichte des Judentums sowie des Christentums ein völlig neues Licht wirft, schilderte Cayce das Leben und den Glauben der bis dahin unbekannten Essener. Er berichtete über die Azteken und die Urgeschichte Südamerikas und über das sagenumwobene Atlantis.

Für unsere nächste Zukunft prophezeite der begnadete Seher schwerste soziale Unruhen, Rassenkämpfe und blutige Kriege. Er sprach zwar nie von einem Dritten Weltkrieg – das ist für uns vielleicht ein großer Trost –, aber er sah von wirtschaftlichen, sozialen und rassischen Faktoren getragene Machtkämpfe und im Zusammenhang damit auch grauenvolle kriegerische Auseinandersetzungen für die Zeit bis 1998 voraus. 1998 sei in der zyklisch ablaufenden Menschheitsgeschichte ein entscheidendes Jahr. Es habe dann das „Ende der Kriege" stattgefunden, und das „Neue Zeitalter" breche an – eine Zeit des Friedens und sozialer Gerechtigkeit im Zeichen der Achtung aller Völker und des einzelnen Mitmenschen. Schwere Prüfungen würden die Menschen die wahren Werte – das Ideal der Brüderlichkeit, der Verbundenheit mit der heute so freventlich behandelten Natur und mit Gott und dem ganzen Kosmos – wieder lehren. Mit seiner Prognose über den „gerechten Ausgleich" und ein „neues Zeitalter der Brüderlichkeit und des Friedens unter den Menschen" steht Edgar Cayce nicht allein. Eine solche Friedenszeit sah auch – wie wir im Kapitel 14 erläutert haben – Jeane Dixon. (Sie sagte allerdings auch den Atomkrieg als deren vorangehende schwerste Prüfung der Menschheit voraus.)

Im „Zeitalter des Wassermanns" würden die Menschen, so erklärte Cayce, auch die Fähigkeit entdecken, ihre psychischen Kräfte zu wecken und zu entwickeln. Telepathie und Hellsehen werde zu einem „selbstverständlichen Mittel natürlicher Kommunikation des Menschen von Psyche zu Psyche". Die Menschen würden auch mit den schöpferischen Kräften wieder eins werden und von denselben auch zu ihrem materiellen Wohlergehen Gebrauch machen können. Auch stoße der Mensch in den Kosmos vor, sowohl seinen inneren als auch den äußeren des Weltraums.

Angesichts dieser Voraussagen ist zu bedenken, daß der 1945 verstorbene Seher diese vor Jahrzehnten machte. Damals gab es noch nicht die sensationellen Entdeckungen der Parapsychologie von heute. Vor 1945 war an Astronautenflüge noch nicht zu denken.

Nach Cayce wird die Zeit bis 1998 – neben politischen, sozialen und wirtschaftlichen Erschütterungen – auch von gravierenden Veränderungen der Erdoberfläche infolge furchtbarer Erdbeben und anderer Naturkatastrophen gekennzeichnet sein. Hierüber machte er in Einzelheiten gehende, präzise Angaben. Insbesondere verwies er auf den Erdbebengürtel, der sich durch den Pazifik entlang der Küsten von Nord- und Südamerika bis zur Ostküste Japans zieht und über die ost- und westindischen Inseln sowie die Inselgruppen des Pazifiks verläuft. Andere Erdbebenzonen befinden sich laut Cayce im Gebiet der Mittelmeerküste. Diese Erdbeben würden alles Gewohnte übersteigen. Cayce hat z. B. außerordentlich genau das 1960 eingetretene verheerende Erdbeben in und um Valdivia (Chile) und das Erdbeben im Mai 1970 im Norden Perus, das 50.000 Tote forderte, vorausgesagt.

Überhaupt haben in der jüngsten Vergangenheit seit Edgar Cayces Tod (1945) gewaltige Naturkatastrophen bereits stattgefunden. Das Erdbeben von Assam (1950), bei dem 650 Tote und eine Viertelmillion Vermißte verzeichnet und 70 Orte zerstört wurden, war das schwerste Erdbeben, das je stattfand. In diesem Zusammenhang sei auch an die wiederholten großen Beben in der Türkei und an die gigantischen Flutkatastrophen von Pakistan erinnert. Für die bereits überblickbare Zeit seit Cayces Tod hat sich die Prognose großer Erdbeben bereits bewahrheitet. In diesen Jahren ereignete sich, wie gesagt, das schwerste Beben seit je in der historisch faßbaren Epoche der Menschheitsgeschichte.

Ausführlich beschrieb Edgar Cayce auch – zu seiner Zeit teilweise noch völlig unverständlich – Neuerungen auf dem Gebiet der medizinischen Forschung sowie zahlreiche technische Errungenschaften, insbesondere etwa über die Verwertung von Schall und Infraschall, der elektromagnetischen und der hydroelektrischen Kraft, über die Wichtigkeit von Funk und Telegrafie, Television und Bildtelefon. Hierzu nur ein Beispiel: Cayce hatte bereits 1932 gesagt, daß „ein neues Interesse an der Idee des elektromagnetischen Antriebes etwa um das Jahr 1958 einsetzen“ werde. 1958 war das Geburtsjahr der in den Laboratorien von Westinghouse (USA) ausgearbeiteten Pläne für mit dieser Art von Antrieb versehene U-Boote! Angesichts der erst 1973 offen zum Ausbruch gekommenen Erdöl- und Energiekrise sieht man Cayces Prophezeiungen über die Suche nach neuen Energiequellen plötzlich in einem anderen Licht, das die Richtigkeit seiner Prophezeiungen auf diesem Gebiet, auch soweit sie sich noch nicht erfüllt haben, nahelegt.

Aufgrund der Fülle der in Einzelheiten gehenden Prognosen auf den verschiedensten Gebieten, die der Seher in Tausenden von Readings hinterlassen hat, muß zweifellos auffallen, daß Edgar Cayce über die Entfesselung eines Atomkrieges in diesem Jahrhundert unseres Wissens keinerlei Aussagen gemacht hat. Sollte er eine derartige über die gesamte Menschheit hereinbrechende Katastrophe übersehen oder sich darüber ausgeschwiegen haben? Ist dies nicht reichlich unwahrscheinlich, zumal er sich ausführlich über jene andere unsere Kultur und unser Leben bedrohende Gefahr – die rücksichtslose Ausbeutung und Erschöpfung der Natur mit all den verheerenden Folgen eines solchen Raubbaues – ausführlich geäußert hat?

Oder sind die Schreckensvisionen so mancher bedeutender Propheten der vergangenen Jahrhunderte und auch unserer Gegenwart vielleicht tatsächlich eher von dem geprägt, was an apokalyptischer Gefahr in Form eines erst in unserer Zeit möglich gewordenen atomaren Vernichtungskrieges auf die Menschheit zwar zukommt, aber – wie wir alle in tiefster Seele hoffen – unter Aufbietung aller positiven Kräfte in letzter Stunde noch vermieden werden kann? Wir wissen es nicht. Niemand weiß es. So schöpfen wir an Edgar Cayce, der für 1998 das Ende der Kriege und danach ein glückliches Zeitalter für die Menschheit geweissagt hat, Hoffnung.

# 3. Teil:

# PROPHEZEIUNGEN DER SIBYLLEN VOR 2000 JAHREN AUS DEN ORACULA SIBYLLINA

# Was man von den Sibyllen weiß

*Die Weissagungen der zwölf Sibyllen · Ihre Geschichte, ihre Legende · Ihr Phänomen*

Der Name Sibylle bezeichnete bei den Griechen eine Frau, die der hellseherischen Weissagung fähig war. Der älteste Sibyllenkult geht jedoch bereits auf den persisch-iranischen Kulturbereich zurück und breitete sich von dort auf Griechenland und Rom aus.

Der Name Sibylle selbst ist aus den altgriechischen Wörtern *siós* = *theós* (Gott) und *boulé* (Ratschluß, Weisheit) zusammengefügt worden. Im Zustand der Ekstase gelangte die Sibylle zu göttlicher Weisheit und verkündete die Ereignisse kommender Jahrhunderte und Jahrtausende im voraus als göttliche Ratschlüsse. Zur Unterscheidung erhielten die einzelnen Sibyllen später Beinamen. Insgesamt sind hauptsächlich die Namen und Prophezeiungen von zwölf Sibyllen überliefert.

## Aus dem Dunkel der Jahrtausende erstanden

Die erste Sibylle, von der die Überlieferung berichtet, ist die persische Sibylle. Ihre Weissagungen wurden mit der Sintflut oder dem Weltwinter Zoroasters sowie dem erwarteten allgemeinen Weltenbrand, auch Weltensommer genannt, in Verbindung gebracht.

Die früheste Blütezeit der Sibyllen fällt in die Zeit vom 8. bis 6. Jahrhundert v. Chr., die zweite hob im 3. Jahrhundert v. Chr. an. Die sibyllinische Kernzeit wird auf den Zeitraum vor 200 v. Chr. gelegt. Die sibyllinische Weissagung erlebte in der Zeit Alexanders des Großen eine Hochblüte. Die Sibyllen und ihre Prophezeiungen wurden auch von Staatsmännern und Philosophen wie Platon ernstgenommen.

Die Bedeutung der Sibyllen beruht also auf der Verkündung der Zukunft. Die Ansätze der Sibyllenberichte tragen sagenähnlichen Charakter. Sie traten zuerst in der Sage von Kassandra zutage, der Tochter des Königs Priamos, die den Untergang ihrer Vaterstadt Troja prophezeite. Auf sie geht das geflügelte Wort der „Kassandrarufe“ für in den Wind gesprochene, vergebliche Warnungen zurück.

Kassandra, auch Alexandra genannt, war eine Tochter des Priamos und der Hekabe. Die Gabe der Weissagung hatte sie von Apollon empfangen. Da Kassandra aber den Werbungen des Gottes widerstand, gereichte ihr die Prophetengabe zum Fluch, der sich darin äußerte, daß die Worte dieser Seherin keinen Glauben fanden.

Die Sage, die zweifellos auf einen historischen Kern zurückgeht, gibt Kassandra eine Zwillingsschwester mit Namen Helena. Beide Kinder wurden einstmals im Tempel des Thymbräischen Apollon in der Nähe von Ilion zurückgelassen. Am darauffolgenden Morgen wurden bei den Kindern zwei Schlangen vorgefunden, die ihnen die Ohren leckten. Dadurch wurde das Gehör der beiden Mädchen so „gereinigt“, daß sie fortan die Stimme der Götter wahrnehmen konnten.

Die Seherin Kassandra, eine der Urtypen der Sibyllen, wenngleich keine eigentliche Sibylle, sagte u. a. das Unheil voraus, das von Paris und Helena kommen werde. Ihre bedeutendste überlieferte Prophezeiung war jedoch jene vom bevorstehenden Untergang Trojas. Sie warnte die Einwohner der Stadt vor dem Trojanischen Pferd, aber niemand schenkte ihr Gehör.

Nachdem sich die Gesichte Kassandras erfüllt hatten und Troja erobert worden war, entführte Ajax der Lokrer die Prophetin vom Altar der Athene, wo sie Zuflucht gesucht hatte, nachdem er sie an heiliger Stätte geschändet hatte. Kassandra zählte zu den wertvollsten „Beutestücken“ und wurde deshalb dem siegreichen

König Agamemnon als Besitz zugesprochen, der sie mit nach Mykene nahm. Dort wurden der König und seine Geliebte Kassandra, nachdem sie ihm die Zwillingssöhne Teledamos und Pelops geboren hatte, von Klytämnestra ermordet.

Aus dem Eigennamen der ersten Sibylle, die in Erythrai lebte, entstand später der Begriff eines sagenhaften und dämonischen Wesens, das aus dem Orient zu den Hellenen gelangt war und das, wie Heraklit schrieb, „rasenden Mundes, ohne Lachen, ohne Schminke und ohne Myrrhen" seine Weissagungen von sich gab.

Die erste echte Sibylle, die in Erythrai oder Marpessos lebte, sagt in einer erst im Jahre 1891 in Erythrai an der sibyllinischen Quellgrotte entdeckten Inschrift von sich selber: „In einem Leben von dreimal dreihundert Jahren bin ich als reine Jungfrau über die ganze Erde hingewandert."

Lange Zeit wurde nur von einer einzigen Sibylle gesprochen, und erst später erhöhte sich die Zahl auf zwölf. Diese zwölf Sibyllen lebten an verschiedenen Stätten und in verschiedenen Ländern.

In Italien wurde hauptsächlich von den Sibyllen von Cumae und Tibur gesprochen. Die cumäische Sibylle, die Vergil Desphobe nannte, bot der Sage nach dem römischen König Tarquinius Superbus neun Schriftrollen ihrer *Sibyllinischen Bücher* an. Dem König war jedoch der geforderte Kaufpreis für diese sibyllinische Weisheit zu hoch. Daraufhin warf die Sibylle zunächst drei und dann noch einmal drei der insgesamt neun Rollen ins Feuer. Nachdem die Flammen sechs Rollen verzehrt hatten, erklärte sich der König bereit, für die restlichen drei Rollen den zuvor für die neun Rollen geforderten Kaufpreis zu entrichten.

Diese drei prophetischen Bücher, die *Libri Sibyllini,* wurden in Rom als „heilige Schriften" im Tempel des Kapitols verwahrt. Sie standen unter der besonderen Aufsicht eines zu diesem Zweck geschaffenen Priesterkollegiums. Anfangs waren zwei und seit dem Jahre 367 v. Ch. zehn Priester für den Schutz dieser Schriften verantwortlich. Unter dem römischen Feldherrn und Staatsmann

Lucius Cornelius Sulla (138 bis 78 v. Chr.) wurde die Zahl der ständigen Tempelwächter sogar auf fünfzehn erhöht. Diese priesterliche Behörde zur Verwaltung der Weissagungen – ursprünglich die (zehn) *Decemviri* – walteten nunmehr als *Quindecimviri sacris faciundis* ihres Amtes. (Die Decemviri hatten übrigens auch, um 450 v. Chr., die zwölf Tafelgesetze geschaffen.) Die Sibyllinischen Schriftrollen durften nur auf den ausdrücklichen Befehl des römischen Senats befragt werden.

Im Jahre 83 v. Chr. wurden der Tempel und die ältere Sammlung durch eine Feuersbrunst vernichtet.

Um die hochgeschätzten Weissagungen der Sibyllen wiederzubeschaffen, sandte der Senat von Rom Boten in die griechischen Städte Kleinasiens, um dort, hauptsächlich in den Apollon-Tempeln, nach aufbewahrten sibyllinischen Prophzeiungen zu suchen. Aus den in den griechischen Tempeln entdeckten Sibyllensprüchen wurde dann zur Verfügung des römischen Senats eine neue Sammlung in mehreren Büchern hergestellt. Augustus ließ die Texte genau sichten, und ausschließlich die von Fachleuten der damaligen Zeit als echt anerkannten Sibyllensprüche wurden in den Tempel des palatinischen Apolls verbracht. Die heiligen Texte wurden dort bis Anfang des 5. Jahrhunderts n. Chr. gläubig verehrt. Dann ließ Stilicho, weströmischer Feldherr der Völkerwanderungszeit (408 n. Chr. enthauptet), sie verbrennen.

Von den einstmals auf dem Kapitol verwahrten echten Sibyllenversen, damals *Libri fatales* genannt, sind nur wenige erhalten geblieben. Im *Wunderbuch* des Phlegon von Tralles wurden mehrere zitiert, wie der deutsche Forscher Diels in den *Sibyllinischen Blättern* (Berlin, 1890) nachgewiesen hat.

Den Titel *Sibyllinische Sprüche* führt eine aus teils jüdischen, teils christlichen Quellen und Bestandteilen verschiedener Zeiten zusammengesetzte Sammlung von Weissagungen in griechischen Versen. Auf diese haben sich bereits christliche Schriftsteller im zweiten Jahrhundert berufen. Unter dem Titel *Oracula Sibyllina* wurden diese Texte in deutscher Übersetzung von Friedlieb (Leipzig, 1852) zum erstenmal herausgegeben.

## Berühmt durch sie: ihre Orakelstätten

Wie bereits eingangs geschildert, standen Frauen, die mit prophetischer Gabe ausgestattet waren, bereits im heidnischen Altertum meistens in hohem Ansehen. An mehreren Orten, in Grotten oder an Quellen in Kleinasien, Griechenland und Rom, wurde die Abgabe von Orakelsprüchen durch die Hellseherinnen der damaligen Zeit zu einer bleibenden Einrichtung.

In Delphi wurde der Sibylle oder Pythia ein wunderbarer Tempel gebaut. Wenn eine Prophetin in Delphi starb, wurde sofort für sie eine neue eingesetzt. Delphi (griechisch Delphoi) war eine alte Stadt im äußersten Südwesten der altgriechischen Landschaft Phokis. Die Stadt lag in siebenhundert Metern Höhe gerade unterhalb der schroff aufsteigenden, zum Parnaß-Massiv gehörenden Phädriaden-Felsen an den terrassenförmigen Abhängen einer engen und tiefen Schlucht, die der Fluß Pleistos (Xeropotami) durchfließt. Die Schlucht trennt den Parnaß von dem südlich gelegenen Gebirgszug des Kirphis.

Die großartige und erhabene Landschaft begünstigte die Entstehung einer Orakelstätte. Die Überlieferung besagt, daß in Delphi nacheinander die Götter Gaia, Poseidon und Themis eine Kult- und Orakelstätte besessen haben. Der Ortsname ist wahrscheinlich nicht vom Apollon Delphinios, sondern vom Erdschlund des Orakels *(delphýs* = Mutterschoß) hergeleitet worden.

Bereits in den Gedichten Homers wird die „Fragestätte Pytho" erwähnt, ein reich mit Weihgeschenken versehener Tempel, dessen Erbauung den mythischen Baumeistern Agamedes und Trophonios zugeschrieben wurde. Während der griechischen Kolonisation, zwischen dem 8. und 6. Jahrhundert v. Chr., stand Delphi im Mittelpunkt. Damals erwiesen auch lydische und römische Könige dem Orakel von Delphi ihre Verehrung. Nach Zerstörung des alten Tempels wurde 478 v. Chr. der neue, noch prächtigere Tempel vollendet. Im Vorhof standen die Sprüche der sieben Weisen „Erkenne dich selbst" und „Nichts im Übermaß".

Ein kegelförmiger Marmorblock im Innern des Tempels wurde

für den „Nabel der Welt" (Omphalos) gehalten. Das Allerheiligste bildete die Orakelstätte, die einen Erdspalt besaß, aus dem heiße, betäubende Dämpfe aufstiegen. Über diesem kleinen Spalt stand der Dreifuß der Pythia, der delphischen Sibylle. Zur Weissagung nahm die Orakelpriesterin auf dem Dreifuß Platz. Sie wurde durch die Erddämpfe in Trance versetzt und konnte dann einen Blick in die Zukunft tun. Die zu den zwölf anerkannten Sibyllen zählende delphische Sibylle soll u. a. den Trojanischen Krieg vorausgesagt haben.

Die Schilderung von Delphi läßt auf das Aussehen auch anderer Orakelstätten schließen, wenn diese auch nicht die gleiche landschaftliche, bauliche und geschichtliche Bedeutung gewannen.

Die große Bedeutung und der mächtige Einfluß, den das delphische Orakel auf die hellenischen Staaten ausübte, beruhten zum Teil auf der Klugheit der Priesterschaft, die Verbindungen in alle Teile der damaligen griechischen Welt besaß und aus diesem Grunde wohlinformiert war. Die Pythia wurde also durch sachliche Informationen über die Tatsachen unterrichtet, und dieser Umstand trug dazu bei, ihren Weissagungen in Trance eine größere Bedeutung zu verleihen. Wie groß diese internationale Bedeutung des Orakels von Delphi war, das auch ein Sibyllen-Orakel war, geht daraus hervor, daß auswärtige Fürsten und die Abgesandten fremder Staaten jederzeit von der Pythia empfangen und beraten wurden, während sonst nur einmal im Jahr, am siebten Tag des Frühlingsmonats Bysios (März) Orakelsprüche abgegeben wurden. Später fanden jedoch jeden Monat Orakelverkündigungen statt. In Delphi durften nur solche Frauen zum Amt der Pythia berufen werden, die aus vornehmer Familie stammten, unbescholtenen Rufes waren und ein Mindestalter von fünfzig Jahren erreicht hatten.

Nicht jede Orakelstätte erreichte die Bedeutung von Delphi, das als Hauptheiligtum der Weissagung Griechenlands betrachtet wird. Vielfach hausten die prophetischen Frauen auch in einer einsamen Grotte. Die Sibylle von Cumae (Italien) wohnte und prophezeite in einer schauerlichen Grotte am Averner See. Dort war der Sitz des sogenannten Toten-Orakels. Schlachtopfer riefen die Geister der Unterwelt herbei. Und diese verkündeten, wie man glaubte, durch den Mund der Sibylle die Zukunft.

Die Prophezeiungen der Sibyllen wurden nicht nur mündlich, sondern auch schriftlich verbreitet. Die vorgenannte cumanische Sibylle empfing in ihrer Grotte den bereits geschilderten legendären Besuch des geizigen Etruskerkönigs Tarquinius Superbus. Die drei vor der Vernichtung bewahrten Schriftrollen waren es, die später als offizielles Orakel Roms vom Senat verwaltet wurden, wie bereits geschildert wurde.

## Zwischen echten und unechten Orakeln

Da der Messias von den jüdischen Propheten angekündigt worden war, war es naheliegend, daß die christlichen Kirchenschriftsteller nachträglich festzustellen versuchten, ob nicht auch die heidnischen Orakelstimmen Hinweise auf das Erscheinen Christi enthielten. Es war insbesondere der um 330 verstorbene Kirchenschriftsteller Lactantius, der nach derartigen heidnischen Messiasverkündigungen bei den Sibyllen forschte. Diese Forschungsarbeit wurde dadurch erschwert, daß viele der wichtigsten Originalschriften der Sibyllen vernichtet worden waren und es später infolge unechter Sibyllen-Orakel nicht mehr ohne weiteres möglich war, die richtigen sibyllinischen Weissagungen von den falschen zu unterscheiden.

Jahrhundertelang wurde deshalb die christliche Sibyllenforschung vernachlässigt, bis mit dem Ende des 12. Jahrhunderts besonders die Franziskaner und Dominikaner die Initiative für eine neue Quellenforschung ergriffen. Während der Franziskanerorden sich dabei auf eine einzige Sibylle beschränkte, versuchten die Dominikaner echte Prophezeiungen aller Sibyllen zu sammeln und zu sichten.

Hierüber berichtet das 1903 in Straßburg erschienene Buch *Oracula Sibyllina* folgendes:

„Von der einen, hier gemeinten Sibylle erzählt der alte Fremdenführer durch die Stadt Rom – ein Buch, das gewöhnlich *Mirabilia Romae* genannt wird:

„Der zweite Kaiser von Rom, Octavianus (eigentlich Gajus Julius Cäsar Octavianus, heute gewöhnlich einfach ‚Augustus' genannt) war Julius Cäsars Schwestersohn. Er wurde Kaiser und regierte 42 Jahre vor und 14 Jahre nach Christi Geburt. In dem ersten Jahr tötete er alle, die an Julius' Tod schuldig waren; alle Länder und Reiche machte er sich untertan, und es war Friede allenthalben auf dem Erdreich von Sonnenaufgang bis Sonnenniedergang. Wegen der großen Weisheit und Macht des Octavianus beteten ihn viele Leute an, als ob er ein Gott wäre.

Die weise Frau Sibylla zeigte aber dem Kaiser am Himmel bei der Sonne eine Jungfrau, die saß in einem goldenen Kreis, gekrönt mit einer goldenen Krone, und hatte ein Kind in ihrem Arm.

Die Frau sagte dem Kaiser, daß das eine Jungfrau wäre, und das Kind wäre Gott und Herr über alle Herren im Himmel und auf Erden. Als der Kaiser das wahrnahm, kniete er nieder und betete das Kind an und opferte ihm und baute einen Altar auf dem Berg und wollte sich nicht mehr anbeten lassen. Da steht nun eine Kirche, die heißt ‚Ara celi', und das Wunder geschah in der Nacht, da Christus geboren wurde."

## Wie Heilige verehrt

Die Kirche S. Maria Araceli wurde vom Papst um die Mitte des 13. Jahrhunderts den Franziskanern zur Verfügung gestellt. Diese bemühten sich nun noch mehr als zuvor, die Verehrung dieser Sibylle allgemein zu machen.

Zu unzähligen Malen, namentlich auf Altarflügeln, wurde die Szene, wie sie dem Kaiser die Jungfrau mit dem neugeborenen Kind zeigt, gemalt. Eine besonders interessante Darstellung dieser Art entstand an einer der Rücklehnen der Domherren-Stühle im Merseburger Dom. Diese Schnitzereien wurden im Jahre 1446 von dem Dominikaner Caspar Schollholz angefertigt. Die zwanzig Stühle repräsentieren sieben Gruppen der *Biblia pauperum*, d. h.

der bebilderten „Armenbibel“, aus dem 13. Jahrhundert: Moses am feurigen Busch, die Verkündigung, Gideon, die Rute Aarons, Christi Geburt, *Sibylle und Augustus,* Manna, hl. Abendmahl, Melchisedek, Isaaks Opfergang, Christi Kreuztragung, Josua und Kaleb, Saul ergrimmt gegen David, Kreuzigung, Jonas vom Wal ausgespien, Auferstehung, Simson mit den Torflügeln, Jakobs Himmelsleiter, Christi Himmelfahrt und die Himmelfahrt des Elias.

Im *Speculum humanae salvanionis* bildet die Sibylle mit Augustus ebenfalls ein Gegenstück zu Christi Geburt.

Wir nennen diese Sibylle die tiburtinische. Man war sich jedoch über ihren Namen keineswegs einig, sondern nannte sie häufig die cimmerische; aber es kommen auch noch andere Namen für sie vor. Der Grund hierfür liegt zunächst darin, daß über das Zusammentreffen der Sibylle mit dem Kaiser zwei voneinander etwas abweichende Berichte existierten.

Die eine Lesart haben wir aus dem alten Fremdenführer kennengelernt; die andere besagte, daß Augustus die Sibylle befragt habe, wer nach ihm herrschen werde, und darauf die Antwort erhalten habc, daß cin hebräisches Kind die Welt regieren werde. Darauf habe er ihr befohlen, von ihrem Sitz zu weichen und in die Unterwelt zurückzukehren.

Die andere Richtung, dic von den Dominikanern repräsentiert wurde, konnte sich in der Verehrung einer Vielzahl von Sibyllen auf sehr alte Zeugnisse berufen. Bereits Schriftsteller des heidnischen Roms, wie Varro und Claudius Aelianus, haben in Zusammenhang mit den Voraussagen über den christlichen Messias von zehn Sibyllen gesprochen. Der bereits erwähnte Kirchenschriftsteller Lactantius zählte gleichfalls diese Zahl auf.

Als zu Beginn des 13. Jahrhunderts die Kirche den Sibyllen wieder größere Aufmerksamkeit schenkte, faßte ein Enkel König Heinrichs II. von England, Gervasius, mit Beinamen Tilberiensis (nach seinem Schloß Tilberi in Essex), in einem im Jahre 1211 verfaßten Werk *De otiis imperalibus* die vorhandenen Traditionen in einer ausgezeichneten Übersicht zusammen. Gervasius Tilberiensis schrieb:

„Es gab zehn Sibyllen, deren Name aus dem äotischen Wort *siós* (Gott) und *boulé* (Weisheit) zusammengesetzt ist, so daß das Wort ‚Gottes Weisheit' oder ‚göttliche Weisheit' bedeutet. Die erste war die persische, die zweite die libysche, die dritte die delphische (sie wurde im Tempel zu Delphi geboren und prophezeite den Trojanischen Krieg), die vierte die Chimaera in Italien, die fünfte die erythräische (geboren in Babylon, sagte sie den in Ilion wohnenden Griechen den Untergang Trojas voraus sowie die Tatsache, daß Homer unwahr berichten werde), die sechste die samische (Semivate genannt), die siebente die cumanische (mit Namen Amalthea, auch Cymaea), die achte die hellespontische (auf trojanischem Gebiet geboren, soll sie zu Cyrus und Solons Zeiten gelebt haben), die neunte die phrygische (sie weissagte zu Ancyra), die zehnte und letzte die tiburtinische (namens Albunea).

Sie alle schrieben unzweideutig über Christus. Die berühmteste von ihnen war die erythräische, die zur Zeit der Erbauung Roms weissagte; ihr schreibt der berühmte Flaccianus in einem gewissen griechischen Buche die berühmte Prophezeiung von den ‚Zeichen des Jüngsten Gerichts' zu, während nach anderen die Chimaera, und nach römischer Überlieferung die tiburtinische Sibylle, diese Weissagung getan haben soll.

Auch schaltet Lactantius noch Prophezeiungen einer Sibylle ein, deren Namen er nicht angibt, die sich aber unbedingt auf Christus beziehen. Ihre Worte enthalten deutliche Hinweise über den Verlauf der Passion, von Essig und Galle, vom Kreuz und von Backenstreichen, von Verfinsterung der Sonne während drei Stunden, vom Tod und von der Auferstehung."

Die Sibyllen sind seit dem Mittelalter vielfach auch in der Kunst dargestellt worden. Die im Jahre 1483 aus weißem Marmor gemeißelten Statuen im Dom zu Siena und diejenigen im heiligen Haus zu Loreta sowie die von Cori, Perugia, Beauvais, Bordeaux und anderen Orten sind berühmt geworden.

Die von Gervasius angeführten Sibyllen hat Jörg Syrlin 1469 bis 1474 in geschnitzter Form am alten Chorgestühl des Ulmer Münsters dargestellt. Jede Sibylle hält ein Spruchband mit ihrer Christus-Prophezeiung in lateinischer Sprache.

## Legenden, die sich um sie rankten

Bereits Gervasius hatte außer den zehn Sibyllen eine namenlose elfte erwähnt. In manchen Fällen ist auch die Kunst dazu übergegangen, diese elfte Prophetin darzustellen. In der Kirche des Klosters Hirsau wurden in der Zeit des Abtes Johann III. (1524 bis 1556) elf Sibyllen gemalt. Das Cluny-Museum in Paris hat unter seinen Schätzen ein aus dem 15. Jahrhundert stammendes Manuskript (es führt die Katalog-Nummer 788), das die gleiche Zahl von Miniaturen aufweist.

Aber auch die Annahme einer zwölften Sibylle läßt sich rechtfertigen, denn auch diese ist durch einige überlieferte Weissagungen ausgewiesen.

Die zusätzlichen Sibyllen, die über die Zehnzahl hinausgehen, werden Agrippa und Europaea genannt. Mit Ausnahme der französischen stimmen alle Aussprüche der zehn Sibyllen in Büchern und Kunstwerken überein. Die Christus-Prophezeiungen der elften und zwölften Sibylle sind jedoch unterschiedlich wiedergegeben. Allerdings bestehen auch Zweifel über die genaue Wiedergabe bzw. Überlieferung der Orakelsprüche der delphischen und erythräischen Sibylle.

Außer diesen zwölf Sibyllen gibt es noch eine dreizehnte, schreibt P. Heitz in seinen *Oracula Sibyllina:*

„Diese wurde anfänglich zwar von den übrigen getrennt, fand aber doch später neben ihnen ihren Platz. Ihre Gestalt oder vielmehr ihre angebliche Prophezeiung ist noch sagenhafter als die einer der anderen Seherinnen. Trotzdem fand ihre Legende fast noch mehr Anklang als die übrigen. Es gab eine in vielen Handschriften und Drucken verbreitete ‚Sage von dem heiligen Kreuz', in welcher erzählt wurde, daß die Königin von Saba, als sie zum

Besuch des Königs Salomo kam (III Könige 10, 1-13), eine Bohle über einen Bach gelegt fand und prophezeite, daß aus diesem Holz das Kreuz gezimmert würde, an dem der Heiland seinen Tod fände.

Obschon dieses Ereignis nur eine einzelne Szene aus der Kreuzessage bildete, nannte man die literarische Fassung in Deutschland kurzweg *Sibyllen-Weissagung*. Die außergewöhnliche Verehrung der Königin von Saba läßt sich wohl darauf zurückführen, daß auch an zwei Stellen des Neuen Testaments (Matth. 12,42 und Luk. 11,31) ihrer gedacht wird. Um sie von den übrigen Sibyllen zu unterscheiden, legte man ihr den Namen Nichaula bei."

Die *Sibyllen-Weissagung* wurde später vielfach erweitert und fand als Volksbuch über die Geschichte des Kreuzesholzes, das Leben Jesu und das Jüngste Gericht weite Verbreitung.

Der Sibyllenforscher Schedel hat noch eine vierzehnte Sibylle entdeckt, über die jedoch nichts weiter bekanntgeworden ist.

Die kurze Fassung der einzelnen Christus-Ankündigungen der zehn Sibyllen läßt vermuten, daß die Sibyllen-Orakel ursprünglich nicht als ein literarisches Werk gedacht waren. Es dürfte sich vielmehr um den Entwurf eines Gemäldezyklus gehandelt haben, bei dem die Prophezeiungen als Unterschriften oder auf fliegenden Bändern im Rahmen der Darstellung selbst erscheinen sollten.

Den Beweis hierfür geben die im Text vorhandenen genauen Angaben über die Kleidung der Sibyllen und deren Farbe. So heißt es diesbezüglich über die Sibyllen:

„Das Kleid der persischen Sibylle ist mit Gold verziert und sie trägt einen Schleier. Die libysche hat einen Rosenkranz auf dem Haupt, die samische hat unter den Füßen ein Schwert und hält eine Hand auf der Brust, die cumanische trägt ein goldenes Kleid sowie zwei Bücher, die hellespontische, die bereits bejahrt war, als sie von Christus prophezeite, trägt ein bäurisches Purpurkleid und einen alten Schleier um den Hals gewickelt, die phrygische ist mit einem roten Gewand bekleidet, ihre Arme sind entblößt, das lange Haar ist offen, ein Finger ist vorgestreckt."

Über die zwölfte, die europäische Sibylle, heißt es: „Sie trägt ein rotgoldiges Kleid, hat frische Gesichtsfarbe, und ihr Lockenhaar ist von einem durchsichtigen Schleier verhüllt." Die tiburtinische hat „ein rotes Kleid, eine Bockshaut über demselben und freies Haar". Das angebliche Urbild der erythräischen Sibylle wird als „ziemlich alt, mit einem Nonnenkleid, einem schwarzen Schleier und einem Schwert in der Hand" beschrieben. Die elfte Sibylle, die Agrippa, trägt rosa Kleid und Mantel und hält die Hände im Schoß.

Die älteste gedruckte Ausgabe der Sibyllen-Orakel wurde von dem Dominikaner Philippus de Barberiis, nach seiner Heimat auch „Siculus" genannt, verfaßt. Das Werk erschien etwa gleichzeitig in zwei, etwas von einander abweichenden Ausgaben. Eine Ausgabe druckte Philipp de Lignamine am 1. Dezember 1481, die andere in demselben Jahr Sixtus Riesinger de Arnetina, beide in Rom. Deutsche Übersetzungen erschienen kurz nach dem Jahre 1500 bei dem Drucker Jakob Köbel in Oppenheim und danach im 16. und 17. Jahrhundert in großer Anzahl.

Die Sibylle von Erythrai ist als Verkünderin des Jüngsten Gerichts in zwei deutschen Sibyllen-Zyklen dargestellt worden. Es handelt sich in beiden Fällen um Schnitzereien an Chorstühlen. Außer den bereits erwähnten von Ulm finden sich derartige geschnitzte Darstellungen auch in Memmingen. In Ulm ist die erythräische Sibylle aus unbekannten Gründen zweimal abgebildet worden. Einmal hält die Büste ein Band in den Händen, auf dem eine Verszeile steht. Über der anderen Büste ist eine große Tafel angebracht, auf der 27 von Flaccianus mitgeteilte Verse, die auf das Jüngste Gericht Bezug nehmen, verzeichnet sind.

Im Folgenden werden wir auf Weissagungen der einzelnen Sibyllen näher eingehen. Wir beschränken uns auf die wichtigsten.* Dabei unternehmen wir jedoch gleichzeitig den – selbstverständlich

* Die Verse zitieren wir aus den *Oracula Sibyllina,* Leipzig 1852.

sehr gewagten – Versuch, die Sibyllinischen Weissagungen, deren Material außerordentlich reich und vieldeutig ist, zu sichten und auf der Grundlage der im ersten und zweiten Teil dieses Buches behandelten Prophezeiungen von Hellsehern aus neuerer Zeit zu interpretieren. Das Wesen der Sibyllen beruht, wie gesagt, auf der Ankündigung künftiger Ereignisse. Das psychologische Bedürfnis, einen Blick in die Zukunft zu tun, ist – wie schon früher dargelegt wurde – beim Menschen bei drohender Gefahr besonders ausgeprägt. Deshalb bieten die Sibyllinen überwiegend die Ankündigung kommenden Unheils.

Für die Gegenwart und Zukunft enthalten die Prophezeiungen neben der Messias-Verheißung und der Ankündigung des Jüngsten Gerichtes Hinweise auf das Weltraumzeitalter, den Atomkrieg, die Endzeitschlachten im Nahen Osten mit schweren Erschütterungen im gesamten Gebiet des Mittelmeeres sowie Ankündigungen großer Naturkatastrophen und kosmischer Verschiebungen. Als Lichtblicke finden sich Aussagen über ein kommendes friedliches, goldenes Zeitalter der Erneuerung. Hierin begegnet sich uralte Sibyllen-Prophezeiung mit den im zweiten Teil dieses Buches festgehaltenen Prognosen zeitgenössischer Hellseher wie z. B. Edgar Cayces und Jeane Dixons.

Sibulla psica · xxx · annoꝝ cuius mētiōnē facit Ichanor · videtur
vaticinari de futuro salvatoris gentiū sub iubilo ut infra
Huius prophetia hec est · Ecce bestia cōculcaberis · et
gignetur dūs in orbe terrarū · et gremiū virginis erit
salus gentiū · et pedes eius in valitudine hominū ·

# 1. Die persische Sibylle

*Katastrophe der Weltmeere · Glück nach den Tragödien · Zeitalter ohne Krankheit und finsteren Tod*

Die erste Sibylle, auch persische oder chaldäische Sibylle genannt, die mit Namen Sambethe hieß, hat die Geschichte Alexanders des Großen vorhergesagt. Aber für uns liegen andere Prophezeiungen näher: Nach den *Oracula Sibyllina* war Sambethe dreißig Jahre alt, als sie weissagte: „Der Herr wird geboren in dem Umkreis der Erde, und der Leib und Schoß einer Jungfrau wird sein das Heil der Erde." So lautete ihre Ankündigung der Geburt Christi. Die persische Sibylle prophezeite aber auch die Weltraumfahrt sowie Endzeitkatastrophen und ein blühendes neues Weltalter.

## Ein Titanengeschlecht strebt dem Himmel entgegen

Die Sibylle Sambethe ist die einzige, die Prophezeiungen über die Eroberung des Weltraums durch ein modernes Geschlecht menschlicher (technischer) Titanen gemacht hat:

„Dann aber kommt wiederum in der Folge ein kräftiges, andres
Zweites, gewalt'ges Geschlecht der erdgeborenen Menschen,
Der Titanen, von gleicher Gestalt in allem und jedem,
In der Größe, im Aussehn und Wuchs, auch eins in der Sprache,
Wie vordem seit dem ersten Geschlecht sie Gott in den Sinn gab.
Aber auch diese, erfüllt von übermütigem Wesen,
Werden zum Höchsten hinstreben und so ihr Verderben beeilen,
Kämpfend mit roher Gewalt entgegen dem sternreichen Himmel.

---

Dieser und die Holzschnitte in den nachfolgenden Kapiteln entstammen dem Werk Oracula Sibyllina (Weissagungen der Sibyllen), das sich in der Stiftsbibliothek von St. Gallen befindet.

Und dann wird gegen sie ein gewaltig Ergießen des Meeres
kommen und rasende Flut.
Aber Zebaoth der Gewaltige dränget erzürnt sie zurück.
Aber wenn er den Zorn und das grausige Toben der Fluten,
Gegeneinander zu Bergen getürmt, zur Ruhe gebracht hat,
Schließet er auch die Tiefen des Meeres in engere Grenzen,
Und mit Häfen und felsumgebenen brandenden Küsten
Rings einzäunet es Gott, der Gewalt'ge, der mächtige Donn'rer."

Die Seherin Sibylle nennt den Menschen der Neuzeit, des Industrie-, Atom- und Raumfahrt-Zeitalters, den zweiten Menschen. Er bildete sich im Laufe von Jahrhunderten und Jahrtausenden nach der Sintflut und dem Untergang des ersten Menschen in einem Titanengeschlecht heraus.

Sein größter Übermut spiegelt sich darin, daß er zum Höchsten, zur Eroberung des Himmels, des Kosmos, hinstrebt und aus diesem Grunde sein eigenes Verderben beschleunigt. Der „Kampf mit roher Gewalt entgegen dem sternreichen Himmel" kann aber auch als Hinweis darauf verstanden werden, daß die technischen Titanen das irdische Kriegsgeschehen in den Weltraum hineintragen.

Ein Krieg mit Atomraketen, die auf dem Flug auch die kosmischen Bereiche durcheilen, wird durch Nuklearexplosionen in den Weltmeeren gewaltige Wassermassen der sieben Ozeane gegen das Festland in Bewegung setzen und schwere Verwüstungen verursachen. Da Gott aber nach der Sintflut versprach, den übermütigen Menschen in Zukunft nicht mehr mit einer Flutkatastrophe zu bestrafen, drängt er die Wassermassen zurück. Danach wird sich die Gesamtfläche des Meeres verringern und das Festland wird durch Felsen, die das zurückweichende Meer freigab sowie durch die Anlage neuer Häfen in Zukunft besser vor Überschwemmungen geschützt sein.

## Die goldene Zeit, das himmlische Zeitalter

Auch der geschilderte Zeitabschnitt der Veränderung von Wasser und Land durch katastrophale Ereignisse, von denen das Toben der Weltmeere nur einen Ausschnitt darstellt, fällt in den größeren Rahmen des neuen, nachsintflutlichen Weltalters, das Sambethe so schilderte:

„Da erblühet bald wiederum ein neues Zeitalter,
Erste und beste, ja goldene Zeit, die sechste, seitdem ward
Erstgebildet der Mensch, das himmlische Zeitalter heißt sie,
Weil alle Dinge vom Herrn fürsorglich werden geleitet.
Weissagen will ich nunmehr: Es wird eine Blume vielfarbig
Sein an der Feige. Darnach wird Königsherrschaft und Szepter
Kronos erhalten. Doch drei großmütige Könige werden
Nun die Lose verteilen, die allergerechtesten Männer,
Herrschen vieljährige Zeit, zuteilend, was recht ist den
Menschen,
Denen die Arbeit und liebliche Werke stets liegen am Herzen.
Aber noch einmal prunket die Erde mit vielerlei Früchten,
Welche gewachsen von selbst, und versorgt mit Getreide
die Menschen.
Doch die Erzeuger werden in all den Tagen nicht altern,
Frei von Krankheit und Fieberfrost, dem schrecklichen,
bleiben,
Sterben, vom Schlafe bewältigt, und so im Hause des Hades
Gehen zum Acheron hin, um dort in Ehren zu weilen,
Weil sie ein trefflich Geschlecht von seligen Menschen
einst waren . . .
Glücklich werden sie sein, auch wann sie zum Hades gegangen."

Auch schreckliche Kriegs- und Naturkatastrophen, die der Mensch in seinem vermessenen Übermut heraufbeschwört, können das Heraufziehen des goldenen, des himmlischen Zeitalters nur verzögern, nicht aber es unmöglich machen.

Hier wird in diesem Zusammenhang auch die biblische Vision sichtbar, daß „der Tod nicht mehr ist": Die Menschen altern nicht, bleiben frei von Krankheiten und werden aufgrund ihres trefflichen irdischen Lebens auch im Totenreich noch glücklich sein.

Ecce veniet deus et illuiabit condensa tenebrarum et sol-
uetur nex9 sinagoge et desiciet labia hom̄ et videbunt
regem viuentium et tenebit virgo illum in gremio domina
gentium et regnabitur in ea et vterus matris eius erit
statera cunctorum

# 2. Die libysche Sibylle

*Vorzeichen: Neugeborene mit grauen Schläfen · Der Himmel wird wie ein Pergament zusammengerollt*

Die libysche Sibylle hält in der Hand die Fackel, durch welche die Welt erleuchtet wird. Im Alter von vierundzwanzig Jahren prophezeite sie lange vor unserer Zeitrechnung über Christus: „Sie (die Menschen) werden sehen den König der Lebendigen. Und er wird herrschen und regieren in Barmherzigkeit. Der Leib seiner Mutter wird sein eine Waagschale aller Menschen."

Die libysche Sibylle hat aber auch genaue Angaben über den Wechsel der Zeiten sowie über apokalyptisches Geschehen gemacht.

## „Wenn Frauen nicht mehr gebären . . ."

In den Prophezeiungen der libyschen Sibylle häufen sich apokalyptische Bilder des Weltgeschehens. Als untrügliches Vorzeichen für bevorstehende schwerwiegende Ereignisse kündigt sie an:

„Wenn aber einst auf der ganzen Welt dies Zeichen erscheinet,
Kinder, die von Geburt sind an ihren Schläfen ergrauet,
Dann überkommt Krieg als Drangsal die Menschen,
Wechsel der Zeiten und Kummer und Leid, zahllose Tränen."

Der Sinn dieser Vorhersage bedarf keiner Erläuterung. In den folgenden Strophen heißt es:

„Ihr elenden, feigen Gesellen,
Männer des letzten Geschlechts, nichtsnutz'ge und
schreckliche Menschen,

Töricht und ohne Verstand, zu der Zeit, da es Sommer geworden
Für die sterblichen Menschen, wenn Frauen nicht mehr gebären.
Nahe ist dann die Vernichtung, wenn einige statt der Propheten,
Lügenhafte Betrüger, auf Erden redend sich nahen."

Hier haben wir es mit einer sehr klaren Aussage zu tun. Die Männer des letzten Geschlechts vor Anbruch der Endzeit sind feige und schrecklich zugleich. Trifft diese Kennzeichnung nicht bereits weithin auf manche Männer unseres Jahrhunderts zu? Die Worte des „Sommers der sterblichen Menschen" lassen an den „Weltensommer" einer anderen Sibylle denken, in dem die Welt von Feuer verzehrt wird.

Die Zeit, in der Frauen, z. B. zufolge der Antibaby-Pille, nicht mehr gebären, ist bereits angebrochen. Im Laufe der kommenden Jahre und Jahrhunderte könnte außerdem durch radioaktive oder andere Einflüsse die Zeugung von Menschen in manchen Zonen der Welt überhaupt unmöglich werden.

„Dann wird auch der Thesbite auf feurigem Wagen vom Himmel
Niederfahren, und nach seiner Ankunft auf Erden gibt es dann
Aller Welt ein dreifaches Zeichen des endenden Lebens ...
Wehe auch denen, die fahren zur See auf den Wogen des Meeres!
Wehe den Menschen allen, die jene Tage erleben!
Undurchdringliche Dunkelheit lagert im endlosen Weltall
Ostwärts und auch im Westen, im südlichen Teil und im Norden."

In den letzten Tagen wird die Menschheit durch drei Zeichen gewarnt. Diese werden hier nicht näher erläutert. Der Hinweis auf die besondere Gefährdung der Seefahrer läßt Meereskatastrophen erwarten, wie sie durch Seebeben, vielleicht als Folgen des Abwurfs von Atombomben in die Ozeane, ausgelöst werden. Der Hinweis auf eine die ganze Welt vorübergehend beherrschende Dunkelheit findet sich sowohl in der Geheimen Offenbarung des Johannes als auch bei neuzeitlichen Hellsehern und Propheten.

## Von der kosmischen Katastrophe

„Dann wird ein gewaltiger Strom des leuchtenden Feuers
Strömen vom Himmel herab und jegliche Gegend vernichten,
Erde und bläuliches Meer und des Ozeans weite Gebiete,
Seen und Quellen der Ströme, den unerbittlichen Hades
Und das Himmelsgewölbe. Allein die Sterne am Himmel
Werden zusammenstoßen, sich hüllend in völliges Dunkel;
Sämtliche Sterne werden vom Himmel fallen ins Meer,
Sämtliche lebenden Menschen werden mit Zähnen knirschen,
Brennend im Strom voller Schwefel und von dem anstürzenden Feuer
In der gewaltigen Flur, Asche wird alles verhüllen."

Das Feuer, das vom Himmel herabfällt, um alles zu vernichten, können Nuklearbomben sein. Es erscheint aber nicht ausgeschlossen, daß als Folge eines atomaren Weltkrieges sich auch eine kosmische Katastrophe abspielt, die die Kräfte des Sonnensystems im Bereich der Erde erschüttert und die beschriebenen Vorgänge auslöst.

„... Dann werden verlassen sein von Geschöpfen
Die Elemente der Welt, wenn Gott, der den Äther bewohnet,
Wirbelt den Himmel, so wie ein Pergament zusammengerollt wird.
Dann stürzt das vielgestaltige Himmelsgewölbe
Nieder auf Erde und Meer, und ein Gießbach mächtigen Feuers
Strömt unermüdlich, verbrennet die Erde, verbrennt das Meer und
Wird das Himmelsgewölbe, Gestirne und alle Geschöpfe
In Eins zusammenverschmelzen und wieder zur Läuterung trennen.
Nicht mehr frohlocken dann die leuchtenden Himmelsgestirne,
Nicht gibt's Tag noch Morgen, nicht zahlreiche Tage der Sorge;
Nicht gibt es Frühling, nicht Winter, noch Sommer und fröhliche Herbstzeit.
Dann wird Gottes großes Gericht inmitten der großen Weltperiode
erscheinen, wenn sich diese Zeichen erfüllen."

## Die Welt ermordet voll Wut

„. . . Nicht weiß ich
Selbst was ich sage; doch Gott befiehlt mir, dies alles zu sagen.
Aber wenn sich dann Erdbeben zeigen und schreckliches Dröhnen,
Blitze und Donnergetöse, auch Regengüsse und Meltau.
Die ganze Welt mit ihren zahlreichen Menschen
Wird einander ermorden voll Wut; in der großen Verwirrung
Wird Gott Hunger und Seuchen senden und Blitze verschleudern
Unter die Menschen, die sonder Gerechtigkeit Urteile fällen.
So verlassen von sterblichen Menschen wird sein jetzt das Weltall,
Daß sich einer verwundert, falls er noch erspähet auf Erden
Menschenspur."

Dieses Kriegsgeschehen mit Hunger und Seuchen und der Austilgung der Menschen bis auf einen kleinen Rest wird abgelöst durch ein Zeitalter von Friede, Erkenntnis, Freiheit und Fruchtbarkeit.

## Ein großes Zeichen

„Dann wird endlich auch Friede und tiefe Erkenntnis einst werden
Und die fruchtbare Erde wird noch mehr Früchte jetzt bringen,
Nicht mehr aufgeteilt und nicht mehr Frondienste leisten.
Jeglicher Hafen und Ankerplatz wird frei für die Menschen,
Wie's einst war, und freche Anmaßung schwindet für immer."

Dieses goldene Zeitalter, das nach schrecklichem Kriegsgeschehen anbricht, wird von Gott sichtbar durch ein großes Himmelszeichen eingeleitet:

„Und Gott wird alsdann ein großes Zeichen vollführen:
Denn es erglänzet ein Stern, einem leuchtenden Kreuze
ganz ähnlich,
Funkelnd und überall leuchtend herab vom strahlenden Himmel,
Und nicht wenige Tage hindurch: Denn er wird vom Himmel
Zeigen den Siegeskranz den Menschen, die ihn sich erkämpfen."

Sibilla agrippa · xxx · anoz · hec vaticinatur de flagellatione xpi ut infra ex sua pphetia patet

I.

Huius est hec pphecia Inuisibile verbu palpabitur et germinabit ut radix et siccabitur ut foliu et no apparebit venustas eius. et flebit deus leticia sepiterna et ab hoibus conculcabitur ut peccator

# 3. Die italische Sibylle

*Sizilien verbrennt in Feuerglut · Raketen, die wieder zum Abschußort zurückkehren · Schwerpunkt Nahost*

Die italische Sibylle lebte in Kimmeria in Italien. Ihr Sohn Euander war der Stifter des Panheiligtums in Rom, des sogenannten Luperkions. Diese Sibylle wird mit einem Trinkhorn mit Saugpfropfen abgebildet. Im Alter von achtzehn Jahren prophezeite sie über den Stifter des Christentums: „Ein tugendhaftes und zierliches Töchterlein wird aufgehen in dem ersten Angesicht der Jungfrau . . . Sie wird sitzen auf einem breiten Stuhl und ihr Kind ernähren und gibt ihm Milch zu trinken, den ein gewisses Volk Jesum nennt."

In ihrer Schilderung kommender Zeitalter und Ereignisse sind viele eindeutige geographische Einzelheiten enthalten.

## „Am hellen Mittag wird's finstere Nacht . . ."

Die kimmerische Sibylle prophezeit zunächst Ereignisse im Nahen Osten und in Ägypten:

„Am hellen Mittag wird's finstere Nacht; und die Sterne
Werden vom Himmel verschwinden und auch die Scheibe des Mondes.
Aber die Erde wird schüttern beim Toben gewaltigen Bebens,
Welches zahlreiche Städte und Werke des Menschen vernichtet;
Dann aber tauchen empor aus der Tiefe des Meeres viele Inseln.
Fließt dann über von Blut der gewaltige Euphrat, dann werden
Meder- und Perserscharen in schrecklichem Krieg miteinander kämpfen.
Alsdann geschehen schlimme Dinge, die Menschen verwünschen,
Kriegsnot, Blutvergießen und Flucht der Massen und Zwiespalt,
Einsturz gewaltiger Türme und vieler Städte Zerstörung.

Wenn das großnackige Hellas gefahren kommt nach dem breiten Hellespont und Phrygien und Asien fürchterlich heimgesucht."

Die Bezeichnung „Meder- und Perserscharen" ist nicht im historischen und engen nationalen Sinne aufzufassen. Denn in Zusammenhang mit kriegerischen Ereignissen des Altertums würden die erwähnten kosmischen Ereignisse unverständlich bleiben. Wir haben es hier mit einem den nahöstlichen Bereich erschütternden katastrophalen Erdbeben zu tun, dem kosmische Phänomene folgen oder vorausgehen, während das in Kämpfen vergossene Blut den Euphrat zum Überfließen bringt.

Hellas, also Griechenland, gehört heute zur NATO, und im Hafen von Piräus liegen Verbände der amerikanischen Mittelmeerflotte. Von Griechenland aus könnte in einem Nahostkrieg „Asien fürchterlich heimgesucht" werden.

„Doch in Ägypten, das reich ist an Äckern und Weizen hervorbringt,
Werden Hunger und Mißwachs den Einzug halten im Umschwung
Von zwanzig Jahren, wenn der die Ähren nährende Nil sein
dunkles Wasser woanders verbirgt im Innern der Erde."

Im Gegensatz zur erythräischen Sibylle, deren Weissagungen wir im nächsten Kapitel behandeln, sieht die italische keine Überschwemmungskatastrophe, die ganz Ägypten dem Ertrinkungstod ausliefert. Statt dessen hält sie eine andere wichtige Prognose bereit: Die Wasser des Nils versanden in der Erde, und zwar geschieht das innerhalb eines Zeitraums von zwei Jahrzehnten. Schwere Erdbeben (oder Nuklearbomben), die Risse unterhalb des Strombetts oder bereits im Quellgebiet hervorrufen, könnten die Ursache für ein allmähliches Versickern der Fluten sein.

Im Zusammenhang mit einem dritten Weltringen gibt es ähnliche Prophezeiungen für Mitteleuropa (z. B. von Alois Irlmaier), denen zufolge die großen Ströme so seicht werden, daß man zu Fuß hindurchwaten kann.

Da der Nil die Lebensader Ägyptens ist, würde sein Austrocknen das Land zugrunderichten oder doch gefährden.

## Ein Feuerzeichen schießt zum Himmel

„Ankommt von Asien her mit erhobener Lanze ein König
Machtvoll mit zahlreichen Schiffen; zu Fuß überschreitet er nasse
Pfade der Tiefe, den hohen Berg durchschneidend zur Durchfahrt;
Doch ihn empfängt, aus dem Kriege entfliehend, Asiens Elend."

Der asiatische König, der mit vielen Schiffen und mit drohend erhobener Kriegswaffe eingreift, könnte der über asiatische Völker gebietende Kreml-Herrscher sein.

„Armselig und ganz und gar wird dann Sizilien verbrennen
In einer mächtigen Flut von Feuer, das quillt aus dem Ätna;
Kroton, die mächtige Stadt, wird im tiefen Erdschlund versinken."

Während Sizilien von einer gewaltigen vulkanischen Katastrophe heimgesucht wird, bricht in Griechenland der Bürgerkrieg aus:

„Doch in Hellas gibt's Streit, und rasend auf beiden Seiten
Werden sie viele Städte zerstören und viele vernichten
Mitten im Kampf; aber der Streit bleibt unentschieden für beide.
Doch wenn die sterblichen Menschen ins zehnte Geschlecht
sind gekommen,
Dann ist den Persern beschieden der Knechtschaft Joch
und viel Schrecken ...
Alsdann vernichtet mit Paphos auch Salamis eine Erschütterung,
Wenn übers vielbespülte Zypern hin Schwarzwasser brauset.
Schießt im italischen Land aus einer Erdkluft ein Feuer-
Zeichen zum weiten Himmel und kehret wieder zurück
Und verbrennt gar viele Städte und tötet die Männer.
Westwärts zieht dann das neuentfachte Kriegsgetümmel,
Und Roms Flüchtling erhebt des Krieges gewaltige Lanze
Und überschreitet also mit vielen Tausend den Euphrat.
Weh dir, unseliges Zypern, dich wird überwält'gen des Meeres
Breite Woge, von schrecklichen Winterstürmen zerzauset."

Seebeben (oder Atombomben) bringen eine Flutkatastrophe über Zypern. In Italien, dessen Gebiet offenbar teilweise von einer feindlichen Macht besetzt ist, wird eine Atomrakete abgeschossen. Oder aber die Amerikaner, die nach einer Prophezeiung des 20.

Jahrhunderts ihr Oberkommando in Rom einrichten werden (Alois Irlmaier), um von dort aus einen Weltkrieg gegen die Sowjetunion und einen weiteren gegen China und den Nahen Osten zu führen, bringen ihrerseits eine atomare Rakete zum Einsatz.

Die sibyllinische Schilderung des Feuerzeichens aus der Erdkluft, das zur Erde zurückkehrt und alles verbrennt, ist von eindringlicher Bildhaftigkeit.

## „Laßt ab von Männermord und Hochmut!"

Die italische Sibylle mahnt schließlich das Menschengeschlecht, die Schwerter niederzulegen und von Männermord und Hochmut abzulassen und statt dessen den Leib „in immerfließendem Wasser zu reinigen" und mit zum Himmel erhobenen Händen Gott für frühere Freveltaten um Verzeihung zu bitten. „Dann wird es Gott reuen; er wird euch nicht schlagen." Andernfalls wird Schreckliches kommen:

„Überfallen wird das Weltall ein Feuer, ein Zeichen erscheinen:
Schwertergeklirr und Schall der Trompeten bei Aufgang der Sonne.
Alle Welt wird brüllen und schauriges Tönen vernehmen.
Und es verbrennt die Erde und tilgt das ganze Geschlecht der
Menschen und alle Städte mitsamt den Flüssen, dem Meere.
Alles wird er entzünden; es wird zu schwärzlichem Staube.
Aber wenn alles zu Staub und Asche geworden,
Gott das Riesenfeuer gestillt, wie er's auch hat entzündet,
Dann gestaltet Gott selber der Männer Staub und Gebeine
Um und macht die Sterblichen so wie sie ehedem waren.
Und dann kommt das Gericht, das er selber abhält, zu richten
Wider die Welt . . .
O glückselig der Mann, der dann wird leben auf Erden!"

Sibilla · Erichea · ãnoꝝ dicta eruphila · orta in babilonia
videtur vaticinari · de xpi ãnũciacõe ꝑ angłm fcã ut infra ·
De excelso celorum habitaculo prospexit deus
hũiles suos · et nascetur in diebus novissimis
de virgine hebrea · filius in cunabulis terre

# 4. Die erythräische Sibylle

*Das Mittelmeer trocknet aus · Der Nil ertränkt Ägypten · Asien wird gänzlich verbrennen · Es wütet ein weltverwüstender Krieg · Mit den Gestirnen im Kampf wird neu die Natur*

Die Weissagungen der erythräischen Sibylle werden von Apollodoros aus Erythrai bestätigt. Sie soll auch den Trojanischen Krieg vorhergesagt haben. Auf einer symbolischen Darstellung hält sie einen Verlobungsring in der rechten und eine weiße Rose als Symbol der Verkündigung in der linken Hand. Diese Sibylle, die in Babylon geboren sein soll, verkündete: „Von der hohen Wohnung des Himmels hat Gott weit auf seine Demütigen herabgesehen, und ein Sohn wird geboren in den letzten Tagen von einer jüdischen Jungfrau in dem Wiegelein des Erdreichs."

Für das neue Zeitalter prophezeit sie gewaltige kosmische Katastrophen als Begleitmusik zu einem endzeitlichen Kriegsgeschehen.

## Schreckliche Kunde vom Sang der Orakel

Die Sibylle Eruphila beklagt ihr Schicksal, schreckliches Geschehen verkünden zu müssen:

„Ach, mich dreimal Unsel'ge, Vertraute der Isis, mich quälet,
Schreckliche Kunde zu hegen und göttlichen Sang der Orakel.
Erstlich werden um deines soviel beweinten Tempels
Grund Mänaden anstürmen; du wirst in gar grausigen Händen
Sein an dem Tag, wo der Nil die ganze ägyptische Landschaft
Wird überschwemmen dereinst, in der Höhe von sechzehn Ellen;

Er überspült das sämtliche Land und ersäuft's in den Fluten;
Und die Anmut des Landes, des Antlitzes Herrlichkeit schweigen."

Über die Ursache der verkündeten schrecklichen Überschwemmung, die ganz Ägypten auslöscht, gibt die Sibylle keine Auskunft. Ein derartiges Ereignis wurde erst durch den Bau des Assuan-Staudammes und dessen eventuelle Zerstörung durch einen Atomschlag möglich.

„Alexandria, auch dich, die herrliche Mutter von Städten,
Wird nicht lassen der Krieg und die Seuche; denn
Buße bezahlst du
Für deinen Hochmut und alles, was vordem du hast verbrochen.
Lange Zeit wirst stumm du sein ...
Denn es wird kommen der Perser dann über dein Land wie der
Hagel ...
All deine heiligen Stätten mit Blut und Leichen zu beflecken,
Um mit unendlichen Massen dir jähes Verderben zu bringen.
Und dann wirst du, gesegnete Stadt, sehr vieles erdulden,
Tränen ganz Asien wird weinen um dein willkommenes
Geschmeide,
Welches ihm schmückte die Stirn; nun sinkt es nieder zur Erde."

Auch hier handelt es sich wahrscheinlich um einen Vorgang in Zusammenhang mit der vielfach prophezeiten Endzeitschlacht. China hätte danach seine Herrschaft bis in den Nahen Osten ausgedehnt. Auch Persien bildet einen Teil dieses großen asiatischen Reichs. Bei dem Versuch, Nordafrika zu erobern, fallen die asiatischen Truppen zuerst in Ägypten ein.

„Asien wird gänzlich verbrennen und bis zu den Inseln
erglänzen ..
Lesbos wird gänzlich versinken im Meeresgrund und
nimmer sich zeigen,
Smyrna wird stürzen vom Abhang und ganz vom Meer
überschwemmt sein ..."

Hier handelt es sich offenbar um weitere Einzelheiten, die sich im Rahmen der apokalyptischen Kämpfe im Nahen Osten abspielen. Mit Asien ist hier wahrscheinlich Vorderasien gemeint.

## Ein großes Gestirn brennt die Tiefe des Meeres aus

Nach vier Jahren Kriegshandlungen trifft eine kosmische Katastrophe die Erde:

„Doch wird ein großes Gestirn nach dem vierten der Jahre erglänzen,
Welches alleine den Erdball vernichten wird ob der Ehre,
Die sie am Anfang erwiesen dem Meeresbeherrscher Poseidon;
Kommen wird aber vom Himmel das große Gestirn zu der Salzflut
Und ausbrennen die Tiefe des Meeres und Babylon selber
Samt dem italischen Land; deswegen erlagen so viele
Gläubige, heil'ge Hebräer mitsamt dem wahrhaftigen Volke."

Diese Prophezeiung, die über den Absturz eines Gestirns zwischen Babylon, also Nahost, und Italien berichtet, steht womöglich in Zusammenhang mit einer anderen Vorhersage der erythräischen Sibylle. Diese lautet:

„Aber am Ende der Zeit wird einstens trocken das Meer sein,
Nicht mehr werden dann nach Italien fahren die Schiffe,
Asien aber, das große und fruchtbare, wird dann ein Meer sein,
Kreta ein ebenes Feld . . ."

Die Seherin weist auch mehrfach auf eine mondlose Zeit hin, die der Erde bevorsteht:

„An dem Ende der Zeiten, gegen Ende des leuchtenden Mondes,
Wütet ein weltverwüstender Krieg . . .
Mondlose Finsternis wird dann den mächtigen Himmel umfangen
Und die Falten der Welt nicht geringer Nebel verhüllen . . ."

## Statt der Sonne längliche Flammen in Aufruhr

„In Kleinasien und Makedonien, auch bei den Libyern
Haust wahnwitziger Krieg, gar blutig im Staube sich wälzend,
Den der König von Rom und die Herrscher des Westens beenden."

Die amerikanische Hellseherin Jeane Dixon hat in einer großen Vorschau prophezeit, daß die zwei verheerenden Weltkriege um den Nahen Osten, die Amerika zuerst gegen die Sowjetunion und nach deren Niederwerfung gegen das chinesische Weltreich führen muß, von Rom aus geführt werden. Der US-Oberbefehlshaber, im Bündnis mit den westeuropäischen Staaten, die Truppen entsenden, wird die Macht und das Ansehen eines neuen römischen Imperators, eines Königs von Rom, haben. Er wird in der Endzeitschlacht auch die bis nach Palästina vordringenden chinesisch-asiatischen Atomarmeen vernichten.

Auch die erythräische Sibylle stellt das Mittelmeergebiet in den Mittelpunkt ihrer Prophezeiungen.
„Wenn im Winter der Sturm mit Schnee vermengt daherfährt,
Wenn der gewaltige Strom und die größten Seen gefrieren,
Dann wird sofort ein barbarischer Troß in Asiens Land ziehn,
Und es verdirbt der Thraker gewaltig Geschlecht wie ein Schwächling.
Und dann werden die Menschen, die greulichen, essen die Eltern
Und vom Hunger gequält selbst Fleisch von den Menschen verzehren."

Bei einem winterlichen Kriegszug, wahrscheinlich in Vorderasien, wird sich infolge einer schrecklichen Hungersnot der Kannibalismus ausbreiten. Aber auch diese Barbarei wird die Menschen nicht retten. Nur wenige Menschen werden die unvorstellbaren Katastrophen der kriegerischen Ereignisse und kosmischen Geschehnisse überleben.

Die erythräische Sibylle schließt ihre gewaltige Prophetie mit einem großen Hymnus auf die kosmischen Vorgänge, die sich parallel zu den Endzeitkriegen abspielen:
„Unter den Sternen sah ich das Drohen einer leuchtenden Sonne,
Und erblickt' eines Mondes entsetzlichen Zorn in den Blitzen.
Kampfesschwanger waren die Sterne, und Gott ließ sie kämpfen.
Denn statt der Sonne befanden sich längliche Flammen in Aufruhr.
Aber des schwindenden Mondes gedoppeltes Horn ward verändert.
Luzifer lenkte die Schlacht und stieg auf den Rücken des Löwen."

Die dann folgenden Verse scheinen auf Veränderungen im Sternhimmel, auf eine Verschiebung der Planeten und Sternbilder hinzuweisen.

Der „Kampf der Gestirne“ endet, der Seherin zufolge, mit einem Sturz planetarischer Trümmer auf die Erde, wobei besonders Äthiopien, d. h. das schwarze Afrika, in Mitleidenschaft gezogen wird. Dann aber erneuert sich die Natur.

Sibilla Elispontia · anno · l · nata in agro troyano tempibus
Cyri troyanum vaticinata est de futura xpi crucifixione ut ista
Jhesus cristus nascetur de casta · Felix ille deus
ligno qui pendet ab alto

# 5. Die hellespontische Sibylle

*Riesiges Feuer von Naphtha, Asphalt und Schwefel · Anstelle der alten, gestürzten Sterne erscheinen neue · Der Jahresumlauf wird halbiert*

Die hellespontische Sibylle kam zur Zeit Trajans (nicht Solons, wie Gervasius meinte) in Marmessos bei Gergition zur Welt.

An historischen Ereignissen prophezeite diese Sibylle insbesondere die Auslöschung Roms und den Untergang großer Teile der Welt durch Naphtha und Schwefel. Im Kosmos werden die alten, in Trümmern auf die Erde gestürzten Sterne, durch neue ersetzt. Infolge der Veränderungen im Universum wird der Jahreslauf um die Hälfte verkürzt.

## „Lodernder Staub für ewige Zeit"

Die hellespontische Sibylle verkündet das künftige Geschick Roms wie folgt:

„Spät erst mahlen des Herrgotts Mühlen, doch fein ist ihr Mahlen.
Feuer wird alles zermalmen, als feinen Staub übergeben
Hochbelaubte Gipfel der Berge und sämtliche Menschen.
Anfang der Laster bei allen ist Unverstand und auch Habgier . . .
Kommen wird über dich, hochnackiges Rom, einst der gleiche
Blitzschlag von oben, und der wird zuerst den Nacken dir beugen;
Du wirst dem Erdboden gleich, und das Feuer wird ganz
dich verzehren,
Hingekauert am eigenen Boden; dein Reichtum vergehet;
Auf deinen Grundmauern hausen von nun ab Wölfe und Füchse.
Und dann wirst ganz verlassen du sein, als wärest du gar nicht.
Wo ist dein Palladium dann?"

Nach dem Gesicht dieser Seherin wird die Ewige Stadt durch einen Atomschlag oder durch kosmisches Feuer (Absturz von Planetentrümmern) bis auf die Grundmauern zerstört. Anstelle der Menschen wird in Kellergewölben, die übrigbleiben, wildes Getier hausen. Das Palladium, das legendäre Standbild der Pallas Athene, das Weltmacht verbürgt, kann keinen Schutz gewähren, denn es wurde schon vor langer Zeit aus Rom nach Konstantinopel überführt, wo es auch heute noch unter einer alten Säule verborgen ruht.

„Und wenn der purpurne Drache dahinfährt über die Woge
Mit einer Menge im Bauche und dann deine Kinder bedränget,
Da ja Hungersnot herrscht und schrecklicher Bürgerkrieg tobet,
Nahe ist dann das Ende der Welt und der letzte der Tage
Und den bewährten Beruf'nen Entscheidung des ewigen Gottes."

Der purpurrote Drache kann als Symbol für das Weltreich des kommunistischen Chinas betrachtet werden, das seine mit Atom-, Strahlen- und Bakterienwaffen ausgerüsteten Millionenarmeen auch auf dem Seewege ins Mittelmeergebiet bringt, wo die Entscheidungsschlachten toben.

China besitzt dann die drittgrößte Kriegsflotte der Welt. In Italien herrschen Bürgerkrieg und Hungersnot. An die Stelle der sowjetischen Gefahr, die bereits überwunden wurde, ist die rotchinesische getreten. Es ist die letzte Epoche vor dem Weltgericht, der nur die von Gott Berufenen in Ruhe entgegensehen dürfen.

Da die westlichen Streitkräfte von Rom aus gegen die Rotchinesen in Palästina und im gesamten Vorderen Orient zum Einsatz gebracht werden, hat die Ewige Stadt zusammen mit ganz Italien unter den atomaren Angriffsschlägen Pekings in besonderem Maße zu leiden.

## Neue Gestirne und ein Strahlenkomet

Eine über das Meer vorgetragene Invasion asiatischer Verbände nach Italien scheitert jedoch: „Über das riesige Tier kommt ein dunkler Blutstrom."

„Über Rhodos kommt das letzte Unheil, das schwerste.
Ägypten geht zugrunde an der Bosheit der Führer.
Rom wird sein eine Gasse und Delos für immer verschwinden.
Samos jedoch im Sand verschüttet unter dem Ufer.
Später wird dann auch über die Perser kommen das Unheil."

Wie alle Sibyllen verkündet auch die hellespontische Prophetin, daß mit dem furchtbaren Kriegsgeschehen Naturkatastrophen und kosmische Ereignisse größten Ausmaßes einhergehen:
„Dürres Gezweig wird zusammen mit neuen Sprößlingen blühen,
Aber die Himmelsfläche wird bringen auf steinigem Felsen
Regen und Brand und gewaltigen Sturmwind über die Erde
Und eine Menge von Rost verdorbener Saaten im Brachland ...
Sämtliche Sterne stürzen ins Meer ganz augenscheinlich,
Neue Gestirne erscheinen, und einen Strahlenkometen
Nennen die Menschen den Stern, von Not ein schreckliches Zeichen,
Das hereinbrechen wird von Krieg und Schlachtengetümmel."

Altvertraute Gestirne sind nicht mehr, ihre Trümmer haben teilweise die Erde erreicht und sind in das Meer gestürzt. Neue Sterne werden am Himmel sichtbar. Ein Strahlenkomet, der aber auch eine Endzeitwaffe sein kann, erscheint als Vorbote am Himmel. Ein Atomkrieg kann das Gleichgewicht in unserem System zusätzlich zu parallel verlaufenden ähnlichen kosmischen Tendenzen so schwer erschüttern, daß Planeten zerbersten und ihre Trümmer in den Weltraum schleudern. Die Sonne zieht neue, bisher unbekannt oder unsichtbar gebliebene Sterne in ihren Bann.

Infolge der umstürzenden kosmischen Ereignisse ändert sich auch die Erddrehung im Sonnensystem:
„Ein Volljahr hat nur noch Halbzeit.
Sonne geht finster die Bahn und zeigt sich im nächtlichen Dunkel;
Sterne verlassen den Himmel, und Er (Gott) wird die Erde veröden,
Brausend im schrecklichen Sturmwind. Dann folgt der Toten Erweckung."

Infolge des sich einspielenden neuen Rhythmus zeigt sich die

Sonne auch nachts. Von den Sternen, die neu sichtbar wurden, werden einige wieder aus ihrer Bahn geworfen und verschwinden im All. Um die verödete Erde brausen kosmische Stürme und Gott ruft die Toten zur Auferstehung zum ewigen Leben.

Wenn „Gott dann die Zeiten geändert, Winter zum Sommer gemacht", gehen alle seine Worte in Erfüllung.

„Alle Urelemente des Weltalls werden verschwinden:
Luft und Erde und Meer und das Licht des strahlenden Feuers;
Und das Himmelsgewölbe und Nacht und sämtliche Tage
Stürzen in eins zusammen, sich hüllend in völliges Dunkel.
Sämtliche Lichter der Sterne verschwinden wieder vom Himmel.
Keine Stimme der Menschen, der Tiere, der Vögel,
vernimmt man . . .
Sämtliche schwimmenden Tiere des Meeres zittern und sterben.
Und dann kracht die Erde, befleckt vom Mordblut der Kriege."

Die Jahreszeiten verwandeln sich, der Winter wird zum Sommer. Der Tag ist nicht weit, wo alle Elemente, Himmel und Erde in eins zusammenstürzen. Die neuaufgetauchten Sterne verschwinden wieder. Alles Leben stirbt. Die vom Blut mörderischer endzeitlicher Kriege geschändete Erde droht zu zerbersten.

Wenn das Unheil abgewendet werden soll, muß der Mensch ein bestimmtes Verhalten an den Tag legen:

„Darum gilt's, demütig zu meiden im Herzen den Hochmut,
Innig des Nächsten wie sich und Gott über alles zu lieben.
Willig und freudig zu dienen dem Herrn, unserm himmlischen
Vater . . .
Und der Gerechtigkeit Pfad und der Frömmigkeit Wege nur
wandeln."

Sibilla · cumana · in ytalia nata · xviij · annoꝝ fuit
Ultima cumei · venit iā carminis etas magn⁹ ab integro
seclorū nascitur ordo Jam redit et virgo redeūt saturnia
regna Et nova p̄genies celo dimittitur alto Te duce si que
manent · sceleris vestigia nr̄i Irrita ꝑpetua solvent formi
dine terras Tu mō nascēti puero que ferrea primū ·
Desinet et toto surget gens aurea mundo

# 6. Die kumäische Sibylle

*Rätselhafte Riesensäule im Äther · Inseln schwimmen auf dem Meer · Neue Gesinnung der Menschheit*

Die kumäische Sibylle besitzt verschiedene Namen: Amaltheia, Herophile, Taraxandra. Vergil nennt sie Deiphone, eine Tochter des Glaukus. Sie stammte aus Cumae (Kyme) in Kampanien (Italien) und war die bedeutendste sibyllinische Seherin im Westen. Sie soll in einer Grotte ihre Sprüche erteilt und ihre Orakel auf Palmblätter geschrieben haben. Die neueren Ausgrabungen haben die Beschreibung dieser Sibyllengrotte durch Vergil bestätigt.

Im Alter von achtzehn Jahren prophezeite sie: „Jetzt kommt das besungene Zeitalter. Eine große Neuordnung der Welt wird anheben. Jetzt kommt wieder die Jungfrau, auch kommt wieder das Reich Saturns und ein neues Geschlecht wird vom hohen Himmel herabgelassen. Du aber sei hold dem Kinde, das da geboren und durch welches erstlich das eiserne Alter aufhören wird, und ein goldenes Volk ersteht in der ganzen Welt."

## Feurige Achse aufgehängt im Äther

Die Prophetin aus Italien beschreibt zunächst den Untergang einiger Städte, Inseln und Länder:

„Rhodos, unseliges du; denn dich will zuerst ich beweinen.
Unter den Städten die erste, wirst du auch als erste zugrund'gehn.
All deiner Männer beraubt, wirst des Reichtums du völlig entbehren.
Delos, du wirst dich bewegen und unstet sein auf den Wassern.
Zypern, einst wird dich vernichten die Woge des bläulichen Meeres.

Dich, Sizilien, verbrennt das Feuer, das gegen dich wütet."

Rätselhaft ist die Ankündigung, daß sich Delos unstet auf dem Wasser bewegen wird. Diese Prophezeiung wird deutlicher durch die nachfolgende Beschreibung:

„Erde schwimmt, es schwimmen die Berge, auch schwimmet
der Äther . . .
Losbrechen Winde, es wird eine andere Weltperiode."

Es scheint, daß sich die Eigenschaften der Erdkrume durch Strahlenwaffen oder kosmische Strahlung so verändern, daß das Erdreich auf dem Wasser schwimmt. Durch eine die Ozeane in Bewegung versetzende gigantische Flutkatastrophe werden Berge und Inseln aus der früheren sicheren Verankerung gehoben und schwimmen auf dem Meere dahin. An Delos soll das genau zu beobachten sein.

„Elende Äthiopier, ihr werdet noch schreckliche Leiden
Erdulden, von Schwertern erschlagen, gar tief im Fleische
getroffen.
Auch das fette Ägypten, in Sorge stets um seine Saaten,
Welches jährlich berauscht der Nil mit sieben Ergüssen,
Wird vernichten der Aufstand der Bürger . . ."

Die Kriegsereignisse im Ringen um den Nahen Osten werden die Äthiopier schwer in Mitleidenschaft ziehen. In Ägypten bricht der Bürgerkrieg aus, der den Untergang beschleunigt.

„Selbst der mächtige Gott, der Erzeuger, wird wirken gar viele
Wunder, und mitten im Äther aufhängen wird er die Achse.
Dann wird, für Menschen entsetzlich zu schaun, eine Säule
errichtet,
Riesig im Ausmaß inmitten gewaltigen Feuers; die Funken
Werden vernichten der Menschen Geschlechter für alle ihre
Bosheit."

Es handelt sich um eine rätselhafte Erscheinung, die Funken auf die Erde sendet und sie dadurch „tötet". Hierbei könnte es sich um eine um die Erde kreisende Raumstation handeln, die Waffenstrahlen oder tödliche Impulse abschießt.

## Eisvögel über Sardiniens Asche

Das alles wird geschehen „in der Fülle der Zeiten". Ein besonderes Schicksal steht Thessalien bevor:

„Unglücksel'ges Thessalien, dich wird nicht mehr schauen
die Erde,
Auch nicht als Asche; gar einsam verläßt du fliehend das Festland;
So wirst du, Arme, ein kläglicher Auswurf des grausigen Krieges,
Opfer reißender Strömung, soweit nicht das Schwert dich
vernichtet."

Es scheint, daß dieses Gebiet durch Erdbeben, Vulkanausbrüche oder infolge von Erdrissen, hervorgerufen durch Nuklearkraft, vom Festland losgerissen wird und dann im Meere versinkt, so daß es spurlos verschwindet.

Die Insel Sardinien wird völlig untergehen, aber sie wird eine Aschenspur hinterlassen:

„Bald wirst, gedrückt jetzt, Sardinien, du in Asche verwandelt;
Nicht mehr wirst Insel du sein, wenn der zehente Zeitlauf
gekommen.
Sie werden segelnd im Wasser dich suchen, wenn du bist
verschwunden,
Über dir werden Eisvögel anstimmen schreckliches Klagen."

## Das Wasser der Ozeane brennt

So wie das Erdreich seine physikalischen Eigenschaften unter irdischer und kosmischer Einwirkung verändert, so geschieht das auch mit der salzigen Flut des Meeres. Das Wasser der Ozeane wird durch Umwandlung entzündbar und beginnt zu brennen:

„Wehe dir, unglückselige, weh, böswillige Meerflut!
Ganz von Feuer verzehrt wirst ein Volk durch die Flut du
vernichten,
Denn mit solcher Gewalt wird rasen das Feuer auf Erden,
Wie sich das Wasser ergießt, und die ganze Erde vernichten.
Berge verbrennt's, entzündet die Flüsse und leeret die Quellen."

Die Erdkrume wird nicht nur schwimmbar, sondern auch brenbar wie das Wasser. Die in Brand geratenen, zu gewaltigen Wassergebirgen aufgetürmten Meeresmassen werden dann nicht nur die Flüsse und Quellgebiete in verzehrendes Feuer verwandeln, sondern auch die Berge in Flammen setzen.

„Nicht mehr Welt ist die Welt, wenn die Menschen gehen zugrunde.
Übel brennend dann schauen die Unglücksel'gen zum Himmel,
Welcher nicht mehr von Sternen, vielmehr im Feuerschein leuchtet.
Aber sie gehn nicht plötzlich zugrunde, im Fleische vergehend
Und doch weiterbrennend im Geiste für ewige Zeiten."

Wenn Wasser und Erde brennen, wird auch der Mensch ein Opfer des Feuers. Anstelle der gestürzten Gestirne wird der Widerschein des von Flammen bedeckten Erdballs das nächtliche Firmament erhellen.

Während Schwefeldünste die nächtliche Erde umkreisen und das Leben, das noch übrigblieb, nach und nach auslöschen, erzeugt Gott wieder reine Gesinnung unter den Überlebenden. Ein neuer Himmel und eine neue Erde entstehen, die der untergegangenen nicht mehr ähnlich sind. Die Daseinsbedingungen haben sich gewandelt. Der Mensch bedarf nicht mehr der Arbeit wie bisher, um Nahrung zu erwerben:

„. . . alle zumal werden jetzt
Tauiges Manna als Speise mit weißen Zähnen genießen."

Dann wird Gott selber unter den Menschen weilen und sie belehren.

Nascetur xp̄c in bethleē z annūciabit in nazareth · regnā-
te tauro pacifico : O felix mater cui9 ubera illū lactabunt
Suspēdunt illū in ligno · et occidunt et nichil eis vale-
bit qz tria die resurget et ostendet se discipulis
suis et ipsis videtibus ascendet in celū et regni ei9
non erat finis

# 7. Die phrygische Sibylle

*Immer wieder Hinweise auf das Niltal · Wer ist der indische Herrscher?*

Die phrygische Sibylle ist um vieles älter als die hellespontische. Es heißt, sie sei bejahrt gewesen, als sie prophezeite: „Christus wird geboren in Bethlehem und verkündet zu Nazareth, dieweil der friedsame Stier regiert. O das ist eine selige Mutter, deren Brust ihn säugen wird. Sie werden ihn an das Holz hängen und töten, und es wird ihnen nichts nützen, denn er wird am dritten Tage auferstehen. Und er wird sich den Jüngern zeigen und in ihrem Angesicht aufsteigen zum Himmel, und seine Herrschaft wird kein Ende haben."

Nach manchen Quellen wird dieser Ausspruch aber auch der Tiburtina zugeschrieben. Im übrigen prophezeite die phrygische Sibylle hauptsächlich über Vorderasien und Indien.

## „Indisches Weltreich des Friedens"

Die phrygische Sibylle macht auf das künftige Schicksal Ägyptens aufmerksam, wobei eine Flutkatastrophe erneut eine Rolle spielt. Das Geschehen steht in Zusammenhang mit dem zwölfstämmigen Volk der Hebräer:

„Wenn zehnfach dereinst die Plage vom strahlenden Himmel
Über Ägypten kommt, dann will ich zurufen dir wieder:
Wehe dir, Memphis, weh dir und weh, o gewaltiges Reich du!
Das Erythräische Meer wird ein zahlreiches Volk Dir
vernichten."

Ist mit dem Erythräischen Meer vielleicht der riesige Stausee von Assuan gemeint? Zu dieser Zeit wird „eine schreckliche

Schlange im Kriege viel Beute sich machen". „Ägypten könnte viel Land mit Tränen bewässern", heißt es später.

„Und dann wird ein dunkelgefärbter, graulockiger, edler
Indischer Herrscher erstehen nachher, und dieser wird viele
Übel dem Orient bringen in einer gewaltigen Feldschlacht.
Schädigen wird er dich sehr und er wird mehr dich (Medien)
als alle vernichten.
Aber wenn er das zwanzigste Jahr und das zehnte geherrscht hat,
Ferner noch sieben und zehn, wird gegen die Herrschaft des Königs
Jegliches Volk sich empören und sich die Freiheit erwerben,
Lassend das Sklavenjoch auf drei vereinzelte Jahre.
Aber er kommt wiederum und legt dem Nacken das Joch auf,
Jegliches Menschengeschlecht bewältigend wieder; wie früher
Es seinem König gedient, so wird es ihm willig gehorchen.
Und weit herrscht der Friede dann überall auf dem Erdkreis."

Die Seherin verkündet ein weltumspannendes indisches Friedensreich unter einem edlen, aber tyrannischen Herrscher.

In der Gegenwart ist kaum zu erkennen, wie diese Weissagung jemals Wirklichkeit werden könnte. Wenn Indien von China erobert werden sollte, wären indische Armeen im Nahen Osten als Hilfstruppen zu erwarten. Vielleicht ist mit dem „indischen König" ein chinesischer Machthaber gemeint, der auch die Herrschaft über Indien ausübt.

## „Ägypten – Beute vielen Getiers"

„Und dann wird das bedrängte Ägypten Magddienste leisten,
Das viele Jahre hindurch Sieg feierte über die Inder;
Es wird dienen mit Schmach und den Fluß mit Tränen vermischen,
Ihn, den fruchtbaren Nil, weil es doch Reichtum besessen,
Und alle Güter zumal, die Ernährerin trefflicher Städte,
Und jetzt nährt fleischessendes Volk von schrecklichen Menschen.
Weh, wie vielem Getier wirst Magd und Beute du werden,
Vielbeglücktes Ägypten, das ehdem die Völker beherrschte."

Diese ausführliche Weissagung über Ägypten hat im Grunde den gleichen Inhalt wie die kurzen, aber in ihrer Bildhaftigkeit schrecklichen Prophezeiungen anderer Sibyllen. Hier ist nicht die Rede davon, daß ganz Ägypten ertrinken wird bei einer schrecklichen Flutkatastrophe oder daß das lebensspendende Wasser des Nils allmählich völlig im Strombett versickert und verschwindet, so daß ganz Ägypten eine leblose Wüste wird, aber dem Volk Ägyptens wird die Knechtschaft prophezeit.

# 7. Die jüdische Sibylle

Die Zahl der Sibyllen schwankt zwischen acht und vierzehn. Bei den neun Büchern Sibyllinischer Weissagung sind die Prophezeiungen der jüdischen Ursibylle im dritten Buch untergebracht. Pausanias nennt im zweiten Jahrhundert n. Chr. die Sibylle Sabbe bei den Hebräern, die aber auch babylonische oder ägyptische Sibylle genannt wurde.

## „Städte zerfallen in Trümmer . . ."

„Aber vom Himmel über die Erde
Fallen feurige Schwerter und nächtliche Flammen des Blitzes
Fahren leuchtend hinein in die Mitte der kämpfenden Männer.
Aber in jenen Tagen wird Allmutter Erde erbeben
Von des Unsterblichen Hand, und der Fisch in den Tiefen
des Meeres,
Städte der feindlichen Männer zerfallen alle in Trümmer,
Weil sie nicht haben erkannt das Gesetz des gewaltigen Gottes . . .
Alle wird Gott dann richten durch Krieg und durch Schwert
und durch Feuer
Und durch Regenflut, die alles verschlingt, und Schwefel
Fällt vom Himmel und vielverheerender Hagel von Steinen;
Tod kommt über das Vieh. Und dann werden sie alle erkennen
Gott, den Unsterblichen, welcher auf solche Weise Gericht hält:
Wehruf und Heulen verbreiten sich über die endlose Erde
Aus dem Munde der sterbenden Männer; verstummend im Blute
Baden sich alle; es trinkt die Erde auch selber das Blut der
Sterbenden Menschen; es labt das wilde Tier sich am Fleische."

Auch hier haben wir es mit einer apokalyptischen Zukunftsvision zu tun. Die modernen Waffen fallen wie feurige Schwerter und nächtliche Blitze über die kämpfenden feindlichen Armeen. Die A- und H-Bomben zerspalten die Gebirge und legen die Großstädte in Trümmer. Danach werden die auch bereits von anderen Sibyllen beschriebenen kosmischen Ereignisse ausgelöst.

Gestirnstrümmer gehen in Gestalt von schrecklichem Steinhagel auf die Erde nieder. Sie führen giftige kosmische Gase mit sich. Der Tod kommt auch über alles Getier.

Nach der Weissagung dieser Sibylle werden die Kinder des großen Gottes vor diesen Ereignissen „rings um den Tempel in Frieden leben". Gott wird sie machtvoll beschützen, „als ob er zög eine Mauer ringsum von flammendem Feuer".

Danach beginnen Zeiten des Friedens und des Glücks.

H⁹ phetia est h: Nasci debere pphetat absq maris
coitu de femina noie MARIA ex stirpe iudeoz filius
dei noie ihesū qui traditur in man⁹ infidelium
et corona spinea coronabitur

# 8. Die delphische Sibylle

*Schicksalsschläge für alle Völker der Erde · Eines Welt-kriegs Nöte · Aufruf an die Frauen des Abendlandes*

Die delphische Sibylle prophezeite in der griechischen Tempelstadt Delphi, wo auch die berühmte Pythia weissagte. Sie ist bereits aus dem ältesten Carmen Sibyllinum bekannt. Sie soll zwanzig Jahre alt gewesen sein, als sie weissagte: „Es wird geboren ein Prophet ohne leibliche Vermischung der Mutter aus einer Jungfrau, und er wird mit einer Krone von Dornen gekrönt werden."

Diese Sibylle kam im Tempel von Delphi zur Welt. Sie wurde zuerst berühmt durch ihre Weissagung über den Trojanischen Krieg. Die weiteren Prophezeiungen beziehen sich auf Kriege und glückliche Zeiten in Asien und Europa.

## „Den Herrschern die Zukunft zu künden"

„Als nun aber mein Geist abließ vom göttlichen Sange
Und ich den großen Erzeuger anflehte, vom Zwang mich zu lösen,
Da erhob sich wieder die Rede des mächtigen Gottes
Mir in der Brust, und er trug mir auf prophetische Worte
Gegen jegliches Land und den Herrschern die Zukunft
zu künden."

Entsprechend dieser Vorrede weissagte die Sibylle aus der griechischen Orakelstadt:

„Wehe dir Babylon . . .
Aus den Lüften von oben kommt über dich, Babylon, ew'ger
Untergang und Verderben den Kindern des Zornes, und du
Wirst sein, wie du ehedem warst, als wärest du gar nicht
geboren . . .

Kommen wird über deine Behausungen jetzt ein gewaltig
Schwerer Schlag, Ägypten, wie du ihn nie hast erwartet.
Denn dich wird ein scharfes Schwert in der Mitte durchschneiden
Dann wird Tod und Zerstreuung und Hunger über dich
kommen ...“

Das Verderben aus den Lüften von oben kommt durch Flugzeuge, Artillerie und Lenkwaffen über das Gebiet, in dem früher einmal Babylon blühte.

Ägypten wurde bereits „mit dem Schwert in zwei Teile zerschnitten“.

Eine Warnung richtete die Sibylle auch an Libyen: „Weh dir, Libyen, weh!“ Näheres darüber enthält die Prophezeiung nicht.

An die Frauen Europas wendet sich folgende Weissagung:
„Töchter des Abendlands, wie gelangt ihr zum bitteren Tage!
Und er wird euch erreichen, wenn euch verfolgt der schwere
Kampf, der schrecklich und hart; wieder wird ein schrecklich
Gericht sein,
Und ihr werdet im Zwang allsamt das Verderben erfahren,
Weil ihr des Unsterblichen großes Haus habt vernichtet,
Und es habt zernagt mit eisernem Zahn so schrecklich,
Drum wirst du dein Land nur sehen von Toten erfüllet,
Teils gefallen im Krieg und jeglicher Wucht des Geschickes,
Teils durch Hunger und Pest und Feinde barbarischen Sinnes.
Ganz ist das Land verödet von dir, auch die Städte verlassen ...
Aber ein Stern gen Abend erglänzt, man nennt ihn Kometen,
Der ist ein Zeichen des Schwerts, des Hungers und
Todes den Menschen
Und des Verlusts von gewaltigen Helden und trefflichen
Führern.“

Diese Warnungen sind offenbar auf die Zukunft gemünzt. Wenn die Europäer von Gott abfallen und seine Kirchen vernichten, dann wird das Land durch Krieg, Hunger und Seuchen veröden. Das Menetekel ist für Gegenwart und Zukunft mit Flammenschrift aufgezeichnet. An anderer Stelle heißt es:

„... doch wird erst das Unglück beginnen.
Eines Weltkriegs verderbliche Nöte dann werdet ihr haben."

## Glückseliges Leben in der Glückszeit

Wenn düstere Prophezeiungen, die teils fast wörtlich auch bei anderen Sibyllen anzutreffen sind, in Erfüllung gingen, kommt für Asien und Europa eine allerdings zeitlich bemessene Frist glücklichen Friedens:

„Sanfter Friede wird einst im Lande Asien einziehen,
Auch Europa wird glücklich dann sein, und ein strahlender Himmel,
Günstig den Herden, lang dauernd, voll Kraft, ohne Winter und Stürme,
Bringt dann alles hervor, auch Vögel und kriechendes Landtier.
Oh, glückselig der Mann und die Frau, die dann in jener Glückszeit
Leben: so malt nur das Märchen das Glück der Hirten im Felde."

Doch das hier beschriebene goldene Zeitalter dauert nicht lange. Haben wir es bereits hinter uns – oder liegt es noch vor uns im Schoß der Zukunft?

„Aber Italien, dir kommt nicht von außen die bittere Kriegsnot;
Sondern verwandtes Geblüt, furchtbar, nicht leicht zu bezwingen,
Weit berühmt, dies wird dich, du Unverschämte, verwüsten."

Während Italien von inneren Wirren heimgesucht wird, spielen sich auch unvorhergesehene Naturkatastrophen wie Vulkanausbrüche ab.

## Ein Drittel der Menschen bleibt am Leben

„... sämtlichen Völkern der Erde
Wird der Höchste gewaltige Schicksalsschläge versetzen ...
... alle Menschen zumal wird Krieg und Hunger bedrängen.
Ehern wird Gott ihnen machen den hohen Himmel da droben;
Regenlos bleibt die Fläche der Erde; doch Gott macht sie eisern.

Alle Sterblichen klagen und jammern, daß nicht mehr gesät wird
und nicht gepflügt; und ein loderndes Feuer wird er auf Erden
Senden, der Schöpfer von Himmel und Erde, jedoch von den
Menschen
Allen auf Erden wird kaum mehr ein Drittel am Leben bleiben."

In der Zukunft wird im Zuge von gewaltigen klimatischen Veränderungen eines Tages der gesamte Erdball von einer langen Zeit der Dürre heimgesucht. Infolge der dadurch hervorgerufenen Hungersnot werden zwei Drittel der Menschheit vom Tode dahingerafft.

Für das Ende der Erde sieht die Seherin untrügliche Vorzeichen:
„Und ich will dir ein Zeichen verkünden, das unschwer zu deuten,
Das du erkennest, wann endlich auf Erden das Ende der Dinge
Sein wird: wenn man dereinst an dem sternhellen Himmel zur
Nachtzeit
Schwerter gen Abend erblickt und auch gegen Morgen, und alsbald
Eine Wolke von Staub vom Himmel zur Erde hinabsinkt,
Und aller Glanz der Sonne am Himmel verschwindet im Laufe,
Während die Strahlen des Mondes sich zeigen, herab auf die Erde
Plötzlich ein Blutregen gießt und die Steine zu reden beginnen;
In den Wolken ihr schauet den Kampf von Fußvolk und Reitern
Wie eine Hetzjagd auf Wild, vergleichbar Nebelgebilden!
Das ist das Ende des Krieges, das Gott auf den Himmelsthron
bringet!

Die „Schwerter", die von Westen und Osten am Himmel sichtbar werden, könnten Staffeln von Kampfflugzeugen oder Atomraketen sein.

Die Staubwolke, die zur Erde hinabsinkt, wird in der Apokalypse, aber auch bei Hellsehern des zwanzigsten Jahrhunderts, so von Alois Irlmaier, erwähnt.

Bei Luftkämpfen werden schwere Bomber und leichte Jagdflugzeuge an Fußvolk und Reiter erinnern. Visionen, Blutregen und redende Steine sind mystische Erscheinungen, die den Sieg Gottes über das Kriegsgeschehen verkünden.

# Literaturhinweise


Backmund, P. Norbert, *Hellseher schauen in die Zukunft,* Verlag Morsak, Grafenau 1972

Bahlmann, Paul, *Rheinische Seher und Propheten,* Münster 1901

Bahlmann, Paul, *Des Johann Peter Knopp Geschicke und Gesichte,* Linz a. Rh. 1859

Baumsteftenlenz, *Mühlhiasl, der Waldprophet,* Mittelbayerische Druck- und Verlagsanstalt mbH., Regensburg

Becsi, Kurt, *Aufmarsch zur Apokalypse,* Zsolnay Verlag, Wien/Hamburg

Bochholz, *Schweizersagen aus dem Aargau* (Schweizer Fassung der Schlacht am Birkenbaum), 1856/57

Bonsen, Friedrich zur, *Die Völkerschlacht der Zukunft am Birkenbaum,* Köln 1916

Brepohl, Wilhelm, *Vom Ende der Tage,* Essen 1936

Bro, Harmon H., *Traumdeutungen in Trance des größten Propheten der Gegenwart,* Ramòn F. Keller Verlag, Genf 1972

Burg, Joseph, *Höchst merkwürdige Prophezeiungen des alten Bernhard, genannt Spielbähn, auf unsere Zeit und die zukünftigen Geschlechter,* Verlag Wittmann, Bonn 1848

Burk, Walter, *Eine Schwarzwälder Seherin,* in „Die Pyramide", Karlsruhe 1932

Carter, Mary Ellen, *Prophezeiungen in Trance des größten Propheten der Gegenwart,* Ramòn F. Keller Verlag, Genf 1972

Curicque, Abbé, *Voix Prophétiques,* Metz 1872

Eggenstein, Kurt, *Der unbekannte Prophet Jakob Lorber,* Lorber-Verlag, Bietigheim 1973

Ellerhorst, P., O. S. B, *Prophezeiungen über das Schicksal Europas,* München 1950

Emmerich, Anna Katharina, *Visionen,* Paul Pattloch Verlag, Aschaffenburg 1971

Erbstein, Max, *Der blinde Jüngling,* Kammwegverlag, 1972

Greenhouse, Herbert B., *Premonitions: A Leap into the Future,* Bernhard Geis Associates, USA 1953

Gustafsson, A., *Merkwürdige Gesichte! Die Zukunft der Völker, gesehen vom Eismeerfischer Anton Johansson,* Sverigefondens Förlag, Stockholm 1953

Groitsch, Wiprecht von, *Der Kuß der Heiligen — Apologetisch-prophetische Studien im Lichte der Weissagungen des Don Bosco,* München 1922

Hübscher, Arthur, *Die große Weissagung,* Heimeran Verlag, 1952

Illig, Johannes, *Historische Prophezeiungen,* Pfullingen/Württ. 1922

Johannes, D., *Prophezeiungen der berühmten Propheten und Seher über Asien, Afrika und Amerika,* Wien 1849

Kahir, M., *Nahe an 2000 Jahre,* Turm-Verlag, Bietigheim/Württ.

Kutscheit, Johann Valerius, *Sechs bisher unbekannte, höchst merkwürdige Prophezeiungen auf unsere nächste Zukunft,* Bonn 1848

Lorber, Jakob, *Das Große Evangelium Johannis* (11 Bände), *Die Haushaltung Gottes* (3 Bände), *Die Jugend Jesu, Die natürliche Sonne,* Lorber-Verlag, Bietigheim/Württ.

Niessen, Th., *Anna Katharina Emmerichs Charismen und Gesichte,* Trier 1918

Paint, Louis, *Les Prophètes de Marie,* Plon, Paris

Quack, Augustinus, *Das apokalyptische Jahrhundert,* A. Kuhn, Schiffweiler

Rohr, F., *Die Geschichte Deutschlands, seiner Verbündeten und seiner Feinde im Lichte alter Prophezeiungen,* Essen 1918

Rosenberg, Alfons, *Durchbruch zur Zukunft — Der Mensch im Wassermann-Zeitalter,* Turm-Verlag, Bietigheim/Württ.

Rosenberg, Alfons, *Sibylle und Prophetin,* Otto Wilhelm Barth Verlag, Weilheim 1960

Schmeing, Karl, *Das 2. Gesicht in Niederdeutschland,* Leipzig 1937

Sammlung *Das Buch der Geheimnisse,* Emmerich 1849

Schrattenholz, W., *Spielbähn der Prophet,* Lechner-Verlag, 1846 Habicht, Bonn 1849

Spirago, Franz, *Die Zukunft Deutschlands nach der Lehin'schen Weissagung,* Lingen/Ems 1919

Stearn, Jess, *Der schlafende Prophet — Prophezeiungen in Trance 1911 bis 1998,* Ramòn F. Keller Verlag, Genf 1969

Stearn, Jess, *Geheimnisse aus der Welt der Psyche,* Ramòn F. Keller Verlag, Genf 1972

Varena, Marcus, *Gesammelte Prophezeiungen,* Verlag Hermann Bauer, Freiburg

Warnefried, *Seherblicke in die Zukunft,* Regensburg 1861

Widler, Walter, *Die Voraussagen des blinden Jünglings von Prag,* München 1950